拝み屋備忘録

怪談火だるま乙女

郷内心瞳

竹書房
怪談
文庫

深入りは惨禍の元

郷里の宮城で拝《おが》み屋《や》という仕事を始めて、そろそろ二十年目を迎えようとしている。住まいを兼ねた仕事場は、山の裾野にひっそりと立つ、築四十年余りの古びた小さな一軒家。家の周囲は深い森に囲まれ、日が暮れ落ちると、戸外は墨で塗り潰したような深い闇に覆われる。こうした環境で、私は長らく仕事を続けている。

拝み屋とは書いて字のごとく、拝むことがその勤めである。

先祖供養を始め、家内安全や交通安全、受験合格、安産などに関する諸々の加持祈祷《かじきとう》。歳末の大祓《おおはら》いに正月の春祈祷。屋敷祓いに地鎮祭。

それらに加えて憑き物落としや悪霊祓いといった、この世ならざる者たちと渡り合う、少々物騒な依頼を請け負うこともある。

依頼主の願いが真っ当なものであるなら、大概なんでも拝む。彼らが持ちこむ依頼に耳を傾け、願いに応じ、時には原因を突き止め、悩みや不安の元になるものを討ち払い、元の日常へ帰すというのが、拝み屋としての私の役割である。

特異な経験を活かして二〇一四年の初夏からは、自身が仕事で見聞きしてきた怪異な出来事を「怪談実話」という体裁で紹介する、いわゆる怪談作家としても活動している。時が経つのは早いもので、こちらは気づけば、デビューから七年目を迎えてしまった。

これまで様々な主題を取りあげながら、二十冊近い怪談集を編んできた。

ためしにこれまで発刊された「拝み屋備忘録」シリーズで取りあげた主題を挙げると、こんな具合である。

怪異は誰の身にも起こり得るということについて。『怪談双子宿』

怪異が収まる時など、誰にも分からないということについて。『怪談首なし御殿』

祟りがもたらす、本当の恐ろしさについて。『ゆきこの化け物』

「怖いものを知らない」という感性自体の怖さと危険性について。『怪談腹切り仏』

主題にまつわる大きな話を軸として、同じ主題に対応する短い話をたくさん散りばめ、ひとつの作品としてまとめあげるのが、いつもの私のスタイルである。

斯様《かよう》な執筆方針で巻を重ねてきた「拝み屋備忘録」シリーズ、五作目となる本書では、どんな主題を選ぶべきか。思案した末、今回は序文のお題でまとめてみることにした。

深入りは惨禍《さんか》の元。余計なことには首を突っこむべきでないという話である。

「怖いものを楽しむのは、書籍や映像などだけ」という敬虔《けいけん》な怪談ファンならまだしも、心霊スポット巡りや廃墟探訪が趣味だとか、こっくりさんやひとりかくれんぼといった悪い遊びをするのが大好きという方には、少々どきりとするフレーズかもしれない。

いわゆる霊感の有無や多寡《たか》などに関係なく、怪異とは誰の身にも等しく起こるもので、一度始まったらいつ終わるのかも分からない。祟りがもたらす怪異というのは凄まじく恐ろしいものだし、そうした怖さを知らないという感性もまた、恐ろしいものである。

ゆえに生半可な気持ちで、余計なことに首を突っこむべきではないのだ。

本書『拝み屋備忘録　怪談火だるま乙女』では、怪異に対して不用意な詮索をしたり、要らざる介入をしてしまったがために、様々な惨禍に見舞われてしまった人たちの話を中心にまとめあげてみた。彼らを反面教師と思って読んでいただいても構わない。

触らぬ神に祟りなし。仕事でもない限り、得体の知れない怪異に出くわしたとしてもこちらから手をだしたり、深追いしたりしないことである。大概ろくな目には遭わない。

怪異は安全圏からゆったりとした心地で楽しむのがいちばん。活字で楽しむ分には、おそらく大きな災いもなかろう。わくわくしながら怖がっていただければ幸いに思う。

それでは幕開け。最後まで目いっぱい、戦《おのの》きのほどを。

目次

深入りは惨禍の元……2
ひとりこっくりさん……8
樹々の顔……10
怖車……12
焔人……14
磯のぶよぶよ……17
赤い女と青い家……20
げっへげっへ……33
院内遭難……36
自分たち……40
白ビル送り……42
白き異界……48
丸ごと消える……56
燃える話……58
炭の人……60
愛煙家……62
肩透かし……66
転送……72

鼻から仏……73
ぼろぼろ……74
のだおぶなが……76
なぜ届く?……78
肩慣らし……80
湧いて絡まる……82
お別れに……83
バラードソニック……84
どーんどーん……86
二人羽織……90
ざぶざぶ……92
腹減らし……94
食事処……96
甘味処……100
仕返しラーメン……102
行列のできる店……106
脳の知らせ……108
なんだやなんだや、なんずもねえ!……112
視えるを描く……116
ぶらさがり健康器……126
リピート……128
ぱちくり!……132

禁魚を飼う…………134
小さながぶり…………141
怪しきメモリーズ…………142
おそらくどうでもいい話…………144
そっちかよ…………146
誰がやった？…………147
追いかけて　其の一…………148
追いかけて　其の二…………150
跳ね返る…………152
遊びたかったの…………154
火だるま乙女　陰…………156
火だるま乙女　陽…………175
書きながら待ち侘びる…………200
優しき労り…………202
そういうこともするんだね…………203
もっともな叱責です…………204
また来てね…………206
気はまだ残りたり…………207
衝突死…………208
焼け跡から…………212
燃え尽きる…………214

※本書に登場する人物名は様々な事情を考慮して仮名にしてあります。

ひとりこっくりさん

心霊マニアの倉木《くらき》さんはある晩、独り住まいのアパートでこっくりさんをおこなった。

本当は身近な友人たちを誘い、複数人でやるつもりだったのだけれど、気味悪がって誰も付き合う者はいなかった。ゆえに独りでやることにした。

こっくりさんは、学生時代に何度か試したことがある。

いずれの時にも指先をのせた十円玉が、五十音を書き並べた紙の上をゆっくりと滑り、こちらが質問したことに対してそれなりの答えを示してみせた。

当時は素直に「凄い！」と興奮していたのだが、今となって冷静に状況を振り返ると、本当に「こっくりさん」が十円玉にとり憑いて動いていたものなのか、それとも一緒に指をのせていた誰かが動かしていたものなのか、いまいち釈然としないものがあった。

だからその真贋《しんがん》をもう一度、確かめたいと思ったのである。

周囲に誘いを断られはしたものの、結果としては独りきりで実験をおこなったほうが、より確実な検証ができるかもしれない。

斯様に割り切って五十音を書いた紙をテーブルの上に宛《あて》がい、わざと電気スタンドの明かりだけを灯した薄暗い部屋の中、検証を開始する。

紙の上に十円玉をのせ、こっくりさんを呼びだす呪文を唱えると、まもなく十円玉が勝手に紙の上を動きだし、文字の上をたどって言葉を紡ぎ始めた。

よ　う　や　く　ま　た　あ　え　た

「え？」と思った瞬間、背筋がずんと重たくなって氷のように冷え冷えとしてきた。

直感的に「まずい」と思い、すぐさま十円玉に向かって終了の言葉をかける。

ところが紙の上にのった十円玉は、それ以上ぴくりとも動くことはなかった。

その晩から倉木さんは原因不明の高熱をだし、五ヶ月近くも床に臥《ふ》せることになった。

ようやく熱がさがる頃には視力がめっきり低下して、今では分厚いレンズであつらえた度の強い眼鏡なしでは、まともに目が見えないほどになってしまったそうである。

樹々の顔

五年ほど前の夏場、正純《まさずみ》さんが山中の渓流にイワナ釣りへ出かけた時のことである。日の出近くから現地へ赴き、沢筋や岸辺の至るところに大きな岩がごろごろと転がる景色の中を歩きつつ、目星をつけたポイントに次々と竿を振っていく。

ところがこの日は、昼を過ぎても釣果《ちょうか》はゼロ。

イワナが針を掠《かす》める気配すらもなかった。

初めて挑む沢筋《さわすじ》だったので、まだまだ現場の勝手が掴めないという事情もあるにせよ、自分の腕と勘所《かんどころ》に落ち度がないわけでもない。手ぶらで帰ればプライドが傷つくと思い、今度はさらに上流へポイントを変え、獲物を狙うことにする。

狭い岸辺を埋め尽くすように転がる大岩の上を慎重な足取りで渡り歩き、時には間をすり抜けながら沢筋を上りつつ、ここぞと思うポイントを探していく。

そうして三十分ほど、歩き続けた頃だった。

沢筋を見つめながら歩を進めていると、ふいに上流のほうから妙な視線を感じ始めた。

顔をあげた先には、玉露《ぎょくろ》のような濃い緑に染まった深い森が、そそり立っている。

枝葉はざわざわと大きな音をたて、森全体が大きなうねりを描いて蠢《うごめ》いているのだが、周囲に風など、そよとも吹いていない。

まるで森そのものが、自分の意思で動いているかのようだった。

不審に思って見つめていると、やおら樹々の中にばっくりと、大きな穴が三つ開いた。

ちょうど逆三角形を描く形で、上のほうに丸い穴がふたつ、横並びになって丸く開き、その下に楕円形《だえんけい》の、さらに大きな穴がひとつ開いた。

三つの穴の位置関係からして、あたかも樹々の中に目玉と口ができたかのようだった。

思いながら見ていると、それらはざわざわと枝葉の擦《こす》れる音を響かせ、上下に開いたり閉じたりを繰り返し始めた。

それはどう見ても、濃い緑に染まった巨大な人の顔のそれだった。

みるみる恐ろしくなってきた正純さんは、蒼ざめながら踵《きびす》を返すと、あとは一目散に元来た沢筋を引き返してきたのだという。

怖車

真夏の日中、専門学生の松木《まつき》さんが、車で友人と街場へ買い物に出かけた時のこと。街中に延びる片側二車線の道路を走っていると、目の前に立つコンビニの駐車場から一台の普通乗用車が出てきた。

車はボディ全体に恨めしげな表情を浮かべる白装束の女を始め、顔が半分潰れた女や口から血を吐く男など、一目して幽霊と分かる人物たちが、でかでかと描かれていた。

体裁こそは、いわゆる「痛車《いたしゃ》」と同じなのだが、言うまでもなく萌え要素など皆無で、「痛車」と言うよりは「怖車《こわしゃ》」といった、おどろおどろしい趣きである。

果たして個人の趣味によるものなのか、あるいは何かの宣伝目的があって、そうした装いにしているものなのか、事情は見当もつかなかったが、こんなにも気味の悪い車を見るのは初めてのことだった。

助手席に座る友人も「なんだあれ！」と身を乗りだし、車のボディを凝視する。

幽霊だらけの怖車は、松木さんの車の前方、左側の通行車線をとろとろとした速度で走り始めた。興味を持った松木さんは、車を間近に観察しようと思い立つ。

追越車線へ素早く進路を変えてアクセルを踏みこむと、あっというまに距離が縮まり、向こうの車と横並びになる。

ところが改めて車のボディに視線を向けてみると、先ほどまでは確かにあったはずの幽霊たちの姿が、ひとつ残らず消え失せていた。スーツ姿の中年男性がハンドルを握る、なんの変哲もない白塗りの車になっている。

一瞬、車を間違えたのかと思ったのだけれど、友人は「この車で間違いない」と言う。松木さん自身も絶対に間違いないという確信があった。

何がどうなっているのだろうと、首を捻《ひね》らせながら車を見つめるさなか、耳元で突然、けたたましい衝突音が弾け、全身が凄まじい衝撃に襲われた。

とっさにブレーキを踏んで状況を確認すると、前方を走っていたトラックのうしろに、自分の車が鼻先から突っこんでいたことが分かった。

松木さんも友人も頚椎捻挫《けいついねんざ》を起こして、しばらく通院する羽目になったそうである。

焔人

田舎で農家をしている小野沢《おのざわ》さんは、昔から火事の現場を見るのが大好きだった。

昼間だろうが夜中だろうが、地元で火事を報せるサイレンがけたたましく鳴り響くと、すぐさま場所を調べて現場へ駆けつける。

そうしてやはり、現場にぞろぞろと群れ集う他の野次馬たちと肩を並べ、紅蓮《ぐれん》の炎を噴きあげながら黒い炭へと焼けていく他人の家の様子を悠々と眺める。

本人に大した悪気がないつもりでも、燃えゆく我が家をへらへらしながら見物される住人たちは堪ったものではない。

だが、普段はなかなか拝むことのできない巨大な炎を眺めるのが楽しくて仕方のない小野沢さんは、こうした愚行を子供の頃から欠かすことなく繰り返していた。

ところが数年前のある日を境に、彼は長らく続けた火事場見物の一切をやめてしまう。

そろそろ師走《しわす》も押し迫る、真冬のひどく寒い晩のことだった。

夜半近くにサイレンが鳴ったので、いつものごとく場所を調べ、車で現場へ急行した。

火事を起こしたのは、自宅から数キロ離れた場所にある木造二階建ての古びた一軒家。

小野沢さんもそれなりに知っている、町会議員の一家が暮らす家だった。

家人は全員避難したようだが、火は瞬《またた》くうちに燃え広がり、家全体が橙《だいだい》色に輝く炎にことごとく嘗《な》められていった。その凄まじい火勢に興奮する。

そうして時間の許す限り火事を眺め、自宅の前まで戻ってくると、家の門口に何やら、煌々《こうこう》と輝く橙色の光が揺らめいているのが目に入った。よく見るとそれは、火柱だった。

すわ火事だ！　と慌て、アクセルを踏みこんで門口へ近づいていく。

すると火柱はゆらりと形を歪ませ、全身が橙色に轟々《ごうごう》と盛《さか》る、人とおぼしき姿になった。

そのまま身体を母屋のほうへ向けると二本の足で歩きだし、門口の中へと消えていく。

小野沢さんもすかさずあとを追っていったのだが、門口を抜けた敷地の中は真っ暗で、得体の知れない歩く炎は、どこを探せど見つからなかった。

彼の自宅が全焼したのはそれから数日後、元日を迎えた明け方近くのことだった。

不幸中の幸いで小野沢さんを含む家族は全員、火の手が広がる前に避難できたものの、年明け早々、長年暮らした住まいを失うことになってしまった。

火災調査の結果、火元は一階の天井裏からだと分かったが、出火原因は不明だった。

一時は放火の疑いがあるとの見方も出たのだけれど、具体的な証拠が出なかったため、結局うやむやのまま、調査は引きあげとなってしまった。

ただ、そうしたなかで小野沢さん自身は、件《くだん》の怪しい「歩く炎」が祟りのような形で我が家に火をつけたとしか考えられず、以後はすっかり怖くなって他家の火事場見物を一切やめるようにしたのだという。

磯のぶよぶよ

「あれって一体、なんだったんでしょうか……？」

会社員の菜津芽《なつめ》さんが、小学二年生の時に体験した話を聞かせてくれた。

夏休みに入ってまもない頃、彼女は海辺の町に暮らす従姉《いとこ》の家へ泊まりに出かけた。

家の近所に海水浴場はなかったけれど、代わりに磯遊びが楽しめる岩礁地帯があった。

干潮時に海水が引くと、灰色のごつごつとした岩場が剥きだしになり、岩と岩との間にたくさんの潮溜まりを抱える、広々とした磯場ができあがる。

大小様々な形を成した潮溜まりの中には、ヒトデやイソギンチャクといった生き物や珍しい小魚たちがたくさんいて、眺めているだけでも楽しかった。

潮溜まりから出てきた蟹やヤドカリを捕まえたり、岩場に貼りついているフジツボを剥がしたりするのも面白く、従姉とふたり、夢中になって磯遊びに興じた。

そうしてしばらく楽しんでいると、波打ち際に近い、細長い形をした潮溜まりの隅に妙な生き物が沈んでいるのを見つけた。

大人の拳ぐらいの大きさで丸い形をしており、色は真っ白。

表面は豆腐を思わせる、ぶよぶよとした柔らかそうな質感を帯びている。

海鼠《なまこ》にしては形が違いすぎるし、イソギンチャクのたぐいにも見えなかった。

生き物は水深二十センチほどの潮溜まりの中、岩に身体をすり寄せるような形で沈み、緩慢なリズムでかすかに身を膨《ふく》らめたり縮めたりを繰り返していた。

従姉に声をかけ、「これ何？」と尋ねたのだが、彼女も「分かんない」と首を傾げた。

「だったら正体を確かめてみよう」ということになり、近くに転がっていた流木の先で、つついてみた。

するとそれは、左右にうねうねと悶《もだ》えるように身体を捩《ひね》り始めた。流木から手の中に伝わる感触は見た目どおり柔らかく、ビニール袋に詰まった豆腐のような趣きがあった。

今度はひっくり返してみようと思い、ぶよぶよした身体の下に流木の先を挿しこませ、ぐっと力を入れてみる。それは大した抵抗もなく水の中にふわりと浮きあがり、流木の誘導に沿って真っ白い身を水面のほうへと裏返らせた。

とたんに水の中からこちらを見あげる顔と目が合って、背筋がぎくりと強張《こわば》った。

白くてぶよぶよとした身の裏側には、年老いた男のそれに酷似した顔面が付いていた。眉毛《まゆげ》こそなかったが、それ以外はどう見てもしわだらけになった年寄りの顔そのもので、まるで海水にふやけて真っ白に染まった、小さな生首のようだった。

菜津芽さんと従姉が唖然となって硬直する一方、小さな老人の生首によく似たそれは、先刻までの静けさから一転、ぶわぶわと気忙《きぜわ》しく身を収縮させながら水中を素早く泳ぎ、岩を伝って水から這いあがった。そのまま勢いを弱めることなく岩の上まで這い上ると、岩の反対側にぱっと身を隠し、それっきり姿が見えなくなってしまう。

狐につままれたような心境で従姉と家まで逃げ帰り、彼女の家族や近所の大人たちに自分たちが目にしたものを話して聞かせたのだが、そんな化け物じみた生き物のことを知っている者は、誰ひとりとしていなかった。

未だにその正体は不明のままであるという。

赤い女と青い家

二〇一八年九月初め。

その日の昼間、私は出張相談を受けた依頼主の家へ向かうため、車で自宅を出発した。原田《はらだ》さんという六十代の男性から、少し遅れたお盆の先祖供養を頼まれたのである。

彼の家は、三陸海岸に面した県北の街外れ、山の裾野に広がる寂れた集落の中にある。我が家からは車で一時間ほどの距離にあった。

数年前にも二度、出張相談の依頼を受けたことがあるので、大体の場所は覚えていた。けれども遅刻したらまずいと思い、余裕をもって早めに家を出ることにした。

月遅れ盆が終わってまもない八月の下旬辺りから宮城の空はぐずつき、連日のごとく冷たい雨が降り続いていた。気温もがくんと落ちこみ、ただでさえ短く儚《はかな》い東北の夏が、いっぺんに押し流されてしまったかのような気候と化していた。

だが、この日は久しぶりに朝から天気晴朗。空の色は青々と冴えわたり、肌に感じる気温も上々で、再び夏が戻ってきた感じだった。

内陸から三陸海岸に面した国道に出ると、道沿いに広がる海の色も空の青さを吸って爽やかな色みを湛《たた》えている。風が静かなせいか、波は小さなうねりを描いてなだらかに海面を揺らし、空の青さを吸いこんだ海一面につまやかな白い飛沫を咲かせていた。

運転しながら横目に海を見ていると、そういえば今年は、仕事で都内へ出かけた折に台場の海を見たきりで、宮城の海を一度も見ていなかったことを思いだす。

三陸海岸から久しぶりに見る宮城の海は、清廉で勇壮とした生命の息吹きに満ち溢れ、横目に眺めているだけで疲弊した身体が癒されていくような心地になった。

この年の二月、私はグルーヴ膵炎《すいえん》という膵臓の難病に倒れ、以来闘病中の身にあった。主に膵頭部と十二指腸、総胆管に囲まれた溝状の領域に嚢胞《のうほう》を生じさせるこの病気は、嚢胞が大きく膨れたり破けたりすると、背中と左脇腹に凄まじい激痛を引き起こす。

今のところ、有効な治療法も確立されていないため、病院側の対応も鎮痛剤の処方と、実験的に慢性膵炎などに用いる薬を代わるがわる試すぐらいしかできることはなかった。あとは定期的な血液検査とＣＴ検査で、経過を見守るくらいのものである。

病気と診断されて半年余りの間に体重は十キロ近くも減少し、体力もめっきり落ちた。膵臓が激しく痛むたびに病院へ担ぎこまれては、不本意な入退院も繰り返していた。

さらにはなんの因果か、私が病に倒れる少し前、一月下旬のことである。

妻の真弓も完治が困難とされる重い病に倒れてしまい、その後は互いの病気の療養に専念するため、住まいを別に暮らしていた。

身内間における煩《わずら》わしい話になるため、事情は伏せるのだけれど、別居を始めて以来、私たちは、互いの意思で連絡を取り合うこともできなくなった。彼女の容態については未だに芳《かんば》しくないということ以外、くわしいことは何も知らされていない。

かてて加えて、私のほうではもうひとつ。拝み屋の仕事で魔祓いや憑き物落としなど、身体に強い負担のかかる儀式を執り行うと、膵臓が激しく痛むようになってしまった。

斯様に不可解な症状は、病気と診断される数年前からたびたび確認されていたのだが、二月に倒れて以降はこの法則がほぼ確定となってしまい、痛みも以前より格段に増して、薬を使ってもまったく治まらないこともあった。

おまけに最近では、こちらも身体を壊した影響なのか、世間では一般的に「霊感」と称される特異な感覚も、以前と比べて微妙に鈍くなってきていた。

本来ならば、その場に実在するかのごとく鮮明な像を結んで視える、この世ならざる者たちの姿が時折ぼやけて視えたり、彼らの気配を感じ取りづらい時があった。

今のところ、仕事に影響が出るほどの問題はないのだが、軽視はできない兆候である。

おかしな話に思えるかもしれないが、物心のついた頃から当たり前のごとく有していた異常な感覚が異変を来たすと、むしろ不安な気持ちに駆られてしまう。

春先から、こうしたのっぴきならない事情の数々に苛《さいな》まれ、一時はひどく落ちこんだ。

膵臓が痛みだしてのたうち回るたび、脳裏に暗い未来ばかりが浮かんで堪らなかった。

絶望的な状況に耐え兼ね、いっそ死んだほうが楽なのではないかと思ったこともある。

自暴自棄に駆られ、一時はあらゆる物事を悪いほうにばかり考えていた。

だが今は違う。余計なことは考えず、前だけ向いて生きるようにしている。

ある時、思いがけない気づきを得られる機会があって、こんなふうに思ったのである。

たとえ脳裏に最悪の未来がちらつくことはあっても、それは確約されたものではない。

私たち夫婦を見舞った病気も治る見込みが極めて低いとはいえ、絶対に治らないという宣告を受けたわけでもない。これから先、奇跡が起きて病気が治り、また以前のようにふたりで暮らせる日が来る可能性も、決してゼロではないのである。

未来に絶望を抱いて暗く生きるより、希望を信じて前向きな姿勢を崩さず生き続ける。月並みな考えかもしれないけれど、それでこそ意味のある人生ではないだろうか。

そんなことを思って以来、無暗に塞ぎこむことはなくなった。

たとえ病気で疲弊している身であっても、動ける分はしっかりと動き、拝み屋として今の自分にできる仕事も積極的に手掛けるようにしていた。これから向かう原田さんの依頼も、そうした大事な仕事のひとつである。

とはいえ、然様《さよう》に気持ちを前に向けているつもりでも、無意識に生じる本心というか、本能のようなものなのだろうか。運転席の横手に広がる三陸の綺麗な海原を見ていると、「この海が見られるのも最後かもしれない」などと思ってしまう自分もいた。

決して暗い心持ちで思うわけではないのだけれど、己の病状を冷静な視点で鑑《かんが》みると、「あるいは」「もしかしたら」という可能性が脳裏をよぎり、単なる杞憂《きゆう》や気の迷いとも割り切れなくなってくる。

だから精一杯の前向きさをこめ、「絶対に来年も、それから先もきっと見に来る」と心に強く誓いつつ、名残の夏の青さを吸いこんだ尊い海の光景をまぶたに余すことなく焼きつけながら、海辺の国道に車を走らせた。

自宅を出発して一時間近くで、県北の街へ到着した。

街外れにある原田さんの家へは、おそらくあと十分ほどでたどり着けるはずだった。郊外に延びる国道上に長いトンネルがあり、そこを抜けてすぐ左手に見える細い脇道へ入っていくと、まもなく彼の家がある集落が見えてくる。記憶を頼りに郊外へ向かい、やがて目の前に見えてきたトンネルの中へと入っていく。

ところがトンネルを抜けた先には、あるべきはずの脇道が見当たらなかった。

車を走らせながら血眼《ちまなこ》になって探してみたのだが、やはり脇道は見つからない。

そこで私は、ようやく思いだす。

以前もまったく同じ勘違いをした経験があることを。

かなり以前、初めて原田さんの家を訪ねる際に、彼から電話で「家はトンネルの前の左手に延びる、脇道を入った先にあります」と伝えられていたのだけれど、私はそれを「トンネルを抜けた、左手にある脇道」と勘違いしてしまった。

それで今のようにトンネルを一度抜け、あるはずのない脇道をひとしきり探したあと、誤解に気づいて再びトンネルを引き返したのである。

さらに記憶を巡らせていくと、二回目に訪れた時にも同じ勘違いをやらかしていた。なぜにこうも学習能力が低いうえ、大事なことを忘れていたのかと呆れ、トンネルを引き返していくと、出口の右手に探していた細い脇道が見つかった。

車を走らせ、ほどなく道の先に見えてくる集落は、ぽつぽつと間隔を開けて散らばる民家の間に小さな田畑や雑木林などが点在する、いかにも宮城の田舎らしい風景である。背後には深い緑に染まった大きな山が、壁のごとく聳《そび》え立っている。

集落に延びる道筋は細いうえに曲がりくねって、十字路や丁字路といった分かれ道もそれなりに多いのだけれど、原田さんの家はほとんど迷わず、見つけだすことができた。門口まで迎えに出てきてくれた原田さんと挨拶を交わし、さっそく仕事に取り掛かる。

頼まれていた先祖供養は三十分ほどで滞りなく終わり、それからさらに小一時間ほど、だされたお茶をご馳走になりながら、原田さんの語る世間話に付き合った。

再び門口まで見送ってもらい、彼の家を辞去したのは、午後の三時近くのことである。まだまだ日は高かったのだけれど、空はいくらか曇り始めてきていた。

思っていたよりだいぶ早めに仕事が終わったので、せっかくだから帰りは海岸沿いのどこかに車を停め、じっくり海を眺めていこうか。

そんなことを考えながら、集落の中に延びる道をトンネルの方面に向かって走らせる。

だが、はたと気づくと私の車は、トンネルとは反対側に位置する山の中を走っていた。おそらく原田さんの家を出てから、どこかの分かれ道を誤った方向に曲がってしまい、間違えに気づかないまま走り続け、いつしか山道に迷いこんでしまったのだろう。

これも過ちに気づいてから思いだした。

過去にも私は二度連続で、仕事の帰りにこの集落の中で道を間違えているのである。

間違えただけならまだしも、元来た道への戻り方もすっかり分からなくなってしまい、どことも知れない道筋を狼狽《ろうばい》しながら、しばらく走り続けた記憶もある。

それは今もそうだった。どことも知れない田舎道を、私の車は走っている。

集落へ続く脇道の件といい、どうしてこうも忘れっぽいのだろう。

げんなりしつつも思いだすと、当時の記憶が仔細を帯びて脳裏に少しずつ蘇ってくる。

視界の両脇を鬱蒼《うっそう》と葉の生い茂る背の高い樹々に挟まれた山道は、道幅が極端に狭く、車を切り返せるほどの広さがない。

だがその代わり、このまましばらく進み続けていくと、上り坂はやがて下り坂となり、ぐねぐねと曲がりくねった下り坂を進んだ先に、車を切り返せる場所が見つかるのだ。

思いながら山道を上《のぼ》っていくと、まもなく道はぐねぐねと曲がりくねった下り坂へと切り替わった。やはり記憶は正しいことを実感する。

過去にも二度とも、私はこの坂道を下りきったどん詰まりにある場所で車を切り返し、元来た道へ戻っているのである。

それは、玄関前の敷地に広いスペースを持つ一軒家だった。

家は、周囲を灰色の古寂びたブロック塀にぐるりと囲まれ、門口を抜けた向こうには、目の細かい砂利だけが敷き詰められた殺風景な前庭が広がっている。

敷地の中央には、外壁に青色のトタンが張られた、二階建ての四角い家が立っている。家というよりは物置を大きくしただけのような、やはり殺伐《さつばつ》とした雰囲気の造りである。

家の正面側から見て一階のまんなかには玄関ドアがあり、それを基点にドアの左右と二階の壁面に、やはり四角い形をしたガラス窓が等間隔に並んでいる。窓にカーテンは敷かれていないが、中は墨で染めたように真っ暗である。

確かそんな家だったと思っているうちに車は坂道を下りきり、目の前に灰色の古びたブロック塀に挟まれた門柱が見えてきた。

門柱の向こうには、真っ青なトタンの張られた四角い家も見えている。

そのまま敷地の中へ入っていくと、以前の記憶が再び脳裏に蘇ってきた。

過去には二度とも敷地に入ったあとは、家の玄関前まで車を進ませていったのである。

だから今回も、ほとんど無意識のうちに家の玄関前まで車を近づけていった。

玄関前まで車を進めたあとは、なんとはなしに玄関ドアの真上に面した二階の窓へと視線を向けたはずである。

ガラスが開け放たれた窓辺には頭の上から赤いペンキを被ったような、全身真っ赤に染まった女が三人並んで、どす黒い部屋の中からこちらをじっと見おろしている。

思いながら視線をあげると、開け放たれた二階の窓辺から、髪も顔も衣服も毒々しい赤一色に染まった女が三人、こちらをじっと見おろしていた。

たちまち我に返ってぎょっとなる。

同時に女たちはくるりと踵を返し、背後の闇の中へと駆けだしていった。

窓辺から姿は見えなくなったが、女たちは身を隠したのではない。階段を駆けおりて、目の前に見える玄関ドアから、こちらへ向かって飛びだしてこようとしているのである。

全てを思いだすなり、すかさず車をバックさせ、門口に向かってハンドルを切った。

そのさなか、家の中からはどたどたと、けたたましい足音が聞こえてくる。

車の鼻先を門口のほうへ戻し、ミラー越しに背後を見やると、全身真っ赤に染まった女たちが玄関ドアから一斉に飛びだしてくるところだった。

間一髪でアクセルペダルを思いきり踏みこむと、あとは脇目も振らず門口を飛びだし、元来た山道を戻り続けた。

わなわなと止めどなく震える両手でハンドルを握りしめ、一目散に山道を走り抜ける。

そのさなか、何度も脳裏をよぎり続けたのは、なぜに自分は今まで、これほどまでに強烈な体験をしていたことを忘れていたのかということだった。

それも二度である。間違いなく過去に二度も同じ体験しているというにもかかわらず、私はつい先ほどまで、得体の知れない青い家のことも真っ赤に染まった女たちのことも、長らく一度も思いだすことがなかった。

集落へ通じる脇道の場所や、帰りに道に迷ったことを忘れていたのとは、わけが違う。これもまた、少し前から微妙に鈍化している特異な感覚の影響なのだろうかと思う一方、自分の頭は本当に大丈夫なのかという疑問さえ湧きだしてくる始末だった。

その後、どうにか山道を抜けだし、集落を経由して国道まで戻ってくることができた。もはやのんびり海を見る気にもなれず、急いで家路をたどることになった。

帰宅したのち、インターネットの地図サイトで件の青い家を探してみた。

画面を航空写真のモードに切り替え、原田さんの家がある集落の道筋を虱潰《しらみつぶ》しに調べ、私が誤って迷いこんでしまった山道の途中辺りまでは、どうにか見つけることができた。しかし、そこから先は山の樹々に遮《さえぎ》られて道が見えなくなり、青い家とおぼしき建物も発見することができなかった。

一応、原田さんにも電話で連絡を入れ、事情をぼかしたうえで話を訊いてみたものの、やはりそんな家は知らないとのことだった。

なぜに今まで、わずかも思いだすことがなかったのか。奥深い山中にひっそりと立つあの青い家と赤い女たちには、どんな曰くがあるものなのか。

必死で頭を捻らせてみたが、どちらも答えが出ることはなかった。

代わりに後日、複数の親しい知人たちに今回の一部始終を事細かに語り聞かせた。

いずれ再び、出張仕事で原田さんの許へ向かう機会があった時、またぞろ今回の件を私が忘れていないとも限らない。そうした場合のいわば保険として、知人たちと情報を共有し合うことにしたのである、果たして幸いと言っていいものなのか、今回に限っては今のところ、得体の知れない怪異に関する記憶は頭に残ったままである。

正体を突き止めたほうがいいのかと思ったこともあるのだけれど、今の自分の体調を鑑みると、こちらから迂闊《うかつ》に手をださないほうが賢明だろうという結論に至った。

怪異の正体や原因を明らかにすることなどより、願わくばもう二度と、あの青い家に迷いこむことがないよう、切に祈りながら私は日々を過ごすようにしている。

げっへげっへ

今から二年ほど前の話だという。

主婦の千佳《ちか》さんが、それまで暮らしていた街場のアパートから郊外の借家へ引越して、まだまもない頃のことである。

ある日、小学三年生になる娘が風邪を引いてしまい、地元の個人病院へ連れていった。

待合室で娘と並んで座り、順番が来るのを待っていると、そのうち尿意を催してきた。

娘を待たせ、待合室の隅にあったトイレへ入る。

個室にこもって用を足し始めると、ふいに個室の外から妙な声が聞こえ始めた。

げっへ、げっへ、げっへ……。げっへ、げっへ……。

のどに痰《たん》が絡んだような濁った音。

咳《せき》のようにも聞こえるが、なんだか下卑《げび》た笑い声のようにも聞こえた。

げっへ、げっへ、げっへ……。げっへ、げっへ……。

声は個室のドアを隔てたすぐ向こうから聞こえていた。

入ったのは女子トイレである。男の声が聞こえること自体、すでに異常な事態だった。

俄《にわ》かに身の危険を感じ、身体が緊張に強張る。

どうしようと逡巡していると、個室の壁に備えつけられた赤いボタンに目が止まった。

患者が体調を悪くした際に使う緊急呼びだしボタンである。

緊急事態に変わりはないため、ためらうことなくボタンを押した。

「どうされましたか?」

まもなくトイレのドアが開き、女性の声が聞こえてきた。

げっへげっへ……。

げっへげっへげっへ。げっへげっへ……。

だがそれでも男の声は、まったく動じる気配がない。

「すいません!」

堪らず呼びかけると、サンダル履きの足音がぱたぱたと個室の前まで駆け寄ってきた。

おずおずしながらドアを開けて外へ出ると、目の前には若い看護師が立っていた。

「どうかされましたか?」

再び看護師に尋ねられ、言葉を返そうとした時である。

げっへげっへ。げっへげっへげっへ。げっへげっへ。

すぐ耳元で声が聞こえたので、思わず「きゃっ!」と悲鳴をあげた。

一方、看護師のほうは怪訝《けげん》な顔で首を傾げただけだった。

周りを見ると、トイレの中は千佳さんと看護師のふたりきり。他には誰もいなかった。

それでも声はなおも、「げっへげっへ」と千佳さんの耳に聞こえている。

怖じ怖じしつつ、「聞こえませんか?」と尋ねてみたが、看護師はやはり怪訝な顔で「何がですか?」と尋ね返してきただけだった。

蒼ざめながらトイレを出ると声もすっかり聞こえなくなったので、それ以上の詮索はやめることにした。

代わりにこの一件があって以来、二度とその病院を利用しないようにしているという。

院内遭難

林業を営む沢村《さわむら》さんが、四年前の夏場に体験した話だという。

ある日の夕方、沢村さんは持病の診察を受けるため、隣町にある総合病院へ出かけた。

受付を済ませると、まもなくトイレに行きたくなってきた。待合ホールの一角にあるトイレへ入って用を足す。

ところが用を足し終えてトイレを出ると、目の前の風景ががらりと変わっていた。

先ほどまでは、黒い革張りのソファーがずらりと並ぶ待合ホールがあったはずなのに、眼前の光景は、狭くて薄暗い廊下になっている。

廊下の壁には窓がなく、案内板のたぐいも見当たらない。長らく通院を続けているが、こんな廊下に見覚えはなかったし、己の意思で迷いこんだ覚えもなかった。

一体、何事が起きたのだろうと目を瞠《みは》る。

戸惑いながら歩き始めたものの、自分がどこを歩いているのか、見当もつかなかった。ひとまず適当に進んでいけば、そのうち待合ホールに戻れるだろうと思っていたのだが、しばらく進んでいってもホールは一向に見えてこない。

それに加えて、さらに妙なことにも気づき、いよいよ本格的に気味が悪くなってくる。廊下を歩く道すがら、誰の姿も見かけないのだった。

おまけにどれだけ耳を澄ましても、辺りからは物音ひとつ聞こえてこない。

足取りはしだいに速くなり、動悸もしだいに激しくなっていく。

とうとう堪らず、「おーい！」と叫んでみたのだが、こちらの求めに応じる声はなく、何回角を曲がって廊下を進んでいっても、やはり誰の姿も認めることはなかった。

いよいよ進退窮《きわ》まって背筋がぞっと凍りつく。薄暗い廊下の上に力なくしゃがみこみ、途方に暮れ始めた時だった。

ふいに背後からぽんと肩を叩かれた。

はっとなって振り返ると、若い警察官が不審そうな顔つきでこちらを見おろしていた。

「大丈夫ですか？」と尋ねられ、すかさず状況を説明しようとする。

ところが、周囲に見える景色に気づいたとたん、のどまで出かけた言葉が引っこんだ。

沢村さんがしゃがみこんでいたのは、病院のすぐ近くにある歩道の上だった。

目の前の路傍には、線香の燃えかすとともに、たくさんの花や供物が供えられている。

「お身内の方でしょうか？」

再び警察官に尋ねられるのも、しどろもどろになって二の句を継ぐことができなった。

彼の話によると今から一時間ほど前、パトロール中にこの場所で、暗い顔を俯《うつむ》かせてしゃがみこんでいる沢村さんの姿を見かけたのだという。

身内の人間かと思って、最初は黙って通り過ぎたのだが、今しがた戻ってきてみるとまだ同じ場所にしゃがみこんでいたので、声をかけたとのことだった。

どうにか平静を装い、その場を切り抜けたものの、果たしてわが身に何が起きたのか、皆目見当がつかなかった。


後日、知人から聞いたところ、一週間ほど前に年配の男性が、件の場所でトラックに撥《は》ねられ、亡くなる事故があったことが分かった。

事故を報じた新聞記事まで見せてもらったのだけれど、亡くなった男性と沢村さんは何の縁もない、赤の他人同士のはずだった。

それなのにどうして自分は、あんな目に遭ってしまったのか。
事故で亡くなった男が怪異の原因であったのなら、一体何が目的だったのか。
余計にわけが分からなくなり、しばらく病院へ行く足が遠のいてしまったそうである。

自分たち

奏海《かなみ》さんが交通事故で腎挫傷《じんざしょう》を起こし、地元の小さな病院へ入院した時のことだった。

退院を間近に控えた深夜、のどの渇きに奏海さんは目を覚ました。

自販機へ飲み物を買いに行くため、病室を出る。

自販機が設置してある談話室を目指して、夜の闇に静まり返った廊下を歩いていると、前方の廊下に面した、半開きになった扉の中から、女の声で「奏海さん」と呼ばれた。

なんだろうと思って中を覗きこんでみると、目が眩《くら》むほど強烈な光に照らしだされた部屋のまんなかに寝台が置かれ、その周りに看護師が三人、突っ立っているのが見えた。

さらに目を凝らして見てみると、看護師たちはいずれも自分と同じ顔をしていた。

自分にそっくりな三人の看護師たちは、顔じゅうにぎらぎらした笑みを浮かべながら、手にしたメスで寝台の上に横たわる何かを滅茶苦茶に切り刻んでいる。

そちらもまた、奏海さんに瓜二つの人物だった。

自分自身としか思えないほどよく似た女が、寝台の上に素っ裸になって仰向けとなり、ゆったりと目を閉じている。

おそらくは、看護師たちの手によるものなのだろう。胴体は、胸から下腹部にかけてばっくりと大きく開かれ、真っ赤に染まった内臓が露《あらわ》になっている。

手足も一部の皮がごっそりと剥ぎ取られ、ぐじゅぐじゅとした質感を帯びた赤い肉が剥きだしになっていた。

斯様に目も当てられないほど惨《むご》たらしく損壊されたその身体を、自分と同じ顔をした看護師たちが、笑みを浮かべてさらにざくざくと躍起になって切り刻んでいる。

悲鳴をあげて目を逸らすと、部屋の中の明かりがふっと消えた。

戦きながら再び視線を戻した先には、薄闇色に染まった狭苦しい部屋の中にほうきやモップなどの清掃用具が雑然と並ぶばかりで、誰の姿も見えなくなっていた。

部屋はただの清掃用具室で、どうして自分があんなものを見てしまったのか、今でも理由がまったく分からないままであるという。

白ビル送り

二〇一八年十月下旬。

県北の山中にて、得体の知れない青い家が立つ敷地の中へと迷いこみ、薄気味の悪い赤い女たちに襲われかけてから、ふた月近く過ぎた頃のことである。

夜半過ぎ、背中に生じた激しい痛みに耐えきれなくなった私は、掛かりつけ医のいる地元の総合病院へ運びこまれることとなった。

原因は魔祓いのやりすぎ。先月の上旬辺りから、仙台に事務所を構える同業の知人とふたりで、恐ろしく厄介な案件を手掛けることになった。

暗中模索に紆《う》余《よ》曲折《きょくせつ》の末、どうにか先ほど、全ての問題に片をつけられたのだけれど、最後に事を締め括《くく》るに際して、どうしても魔祓いを行使せざるを得なかった。

それも今まで一度も試したことがないほど、短時間のうちに何度も執拗に行使した。

問題が解決したことで気分はすこぶる晴れ晴れとしていたものの、その反動は覿面《てきめん》で、自力でまともに起きあがれないほど背中が痛くて堪らなかった。

実家の家族が運転する車で病院へ搬送してもらい、病院内にある救命救急センターへ運びこまれると、すぐに血液検査とCT検査を受けた。

結果はどちらも最悪。

血液検査のほうは、炎症値や腫瘍マーカーを始め、あがりすぎているとまずい項目がもれなく異常な数値に跳ねあがり、CT検査の結果によれば、膵頭部のまんなか辺りにまたぞろ、大きな嚢胞が生じているとのことだった。

おまけに発熱もしていた。四十度近い高熱を発して、身体じゅうが燃えるように熱い。膵臓が炎症を起こすと、こうして一緒にひどい熱も出てしまうのある。

検査の結果を説明しに来た当番医は即断で「また入院ですね」と言った。

甚《はなは》だ不本意ながらも己の体調を鑑みれば、嫌でも「はい」と答えざるを得なかった。

果たして病気を患って以来、これが何度目の入院になるだろう。

高熱と背中の痛みで朦朧《もうろう》とする意識の中、そんなことを思いながら看護師たちの手でストレッチャーに寝かされ、入院病棟へ移送される。

話の順序が入れ替わってしまうのだが、実はつい一週間ほど前まで私は入院していた。その時も膵頭部に嚢胞が生じ、退院まで二週間近くを要している。

ここしばらく、体調が思わしくなかったことも含め、仕事であれこれと厄介な案件を同時に手掛けてもいたので、負担が一気に膵臓へ押し寄せてしまったのだろう。

本来ならば退院後もしばらく養生すべきだったのだろうが、結果は先に触れたとおり、またもや無理をやらかし、再度病院に逆戻りである。完全に自業自得というやつなので、不本意な処遇であっても甘んじて受け容れるよりなかった。

前回から大した間も置かず、今夜から再び始まる入院生活では、消炎剤入りの点滴を絶えず受けながら、膨れあがった嚢胞が縮み、炎症が治まっていくのを絶飲食の状態でひたすら安静にして待つことになる。

これまで入院してきた平均では、二、三日ほどで嚢胞が縮まり、熱も引いていくのが大体だったが、前回の入院では容体が安定するまで、さらにもう数日間の日数を要した。今回も同じか、あるいはそれ以上に時間がかかる可能性もある。

二月に病気と診断を受けた時と今現在とでは、病状はさらに悪くなっているのだろう。入院自体は仕方ないとしても、経過を俯瞰《ふかん》する感覚は切り替えなければと思った。

感覚を切り替えるといえば、前回の入院時には予想だにしないトラブルも起きていた。療養中の周囲で割と頻繁に怪しいものを目にしたり、音に聞いたりしたのである。

掛かりつけ医に診てもらっている関係で、入院先もいつも同じ病院だった。

春先から何度も入退院と通院を繰り返すなか、この地元の大きな総合病院においても、片手で数えられるくらいの、ごくごく些細な怪異を体験したことはある。

だが、前回の入院時にはどうしたわけか、肌身に感じる病院内の様相が一変しており、至るところで怪異が発生し続けた。相も変わらず、特異な感覚は鈍り気味だというのに、この時だけは、あたかも自身の〝アンテナ〟を無理やり鋭くされてしまったかのごとく、入院中は様々な怪異に見舞われたのである。

こちらの件に関しても、今までと同じ構えではまずかろうと思わざるを得なかった。

不幸中の幸いにも前回の入院時には、どうにかぎりぎりの線でこちらの療養の妨げになることだけは起こらなかった。しかし、今回も同じであるという保証はない。

万が一、不測の事態が生じた際に備え、常々用心だけは怠らぬべきと判じる。

そのうえであわよくば、院内の様子が変わった原因までを究明できれば御の字である。今後も世話になり続ける病院なので、余計な不安はなるべく解消しておきたかった。

ストレッチャーに寝かされたまま、寝台用のエレベーターを使って運びこまれたのは、前回の入院時と同じく、入院病棟の五階にある四人部屋だった。

ベッドの位置も前回同様に窓際。時間が時間なので、他のベッドを仕切るカーテンは全て閉ざされていたが、いずれのベッドも埋まっているようだった。

看護師たちの手を借り、ベッドに移されてからも痛みは一向に治まる気配がなかった。背中に大きな鉤《かぎ》でも刺さっているかのような、ずきずきとした感覚が続いている。

熱もあがりっ放しだったため、看護師に頼んで解熱鎮痛剤の点滴を追加してもらうと、どうにか多少はマシになった。

床頭台《しょうとうだい》に備えつけられたデジタル時計を見れば、すでに時刻は深夜三時を回っていた。普段ならばとっくに寝ている時間なのだが、こうして入院すると、初日は痛みのせいでいつもなかなか寝付くことができない。

この日もそうだった。意識はどろどろと濁りを帯びて、視界も霞《かす》んでいるというのに、熱のだるさと背中の痛みがひどくて眠りに落ちることができない。

それでもベッドの中でぎゅっと小さく身を丸め、なんとか懸命に寝ようと努め始めて、どれほど時間が過ぎた頃のことだろう。

ふと気がつくと、明かりが消えて薄暗くなった病棟内のどこからか、けらけらと笑う女たちの声が聞こえてくるようになっていた。

異様に甲高《かんだか》い割に距離感のまるで掴めない、不可解な声音から察して、入院している患者たちのものでもなければ、看護師たちのものでもないとすぐに分かった。

同時に、早くも始まったなと思う。

前回の入院時には聞いた覚えのない声だったが、これも紛《まぎ》れもない怪異の一種だろう。やはりこれまでとは何かが違う。具合が悪くても気を抜くことはできなさそうである。

朦朧とした意識の中でも決して注意を怠ることなく、女たちの笑い声に耳をそばだて、熱と背中の痛みに耐え始める。

だがそれは、頭で思っていた以上にとてつもない神経と体力を要する難業でもあった。時間が経つにつれて全身を渦巻く苦痛はいや増し、まともな思考さえおぼつかなくなり、先に私のほうが散りゆく羽目になってしまう。

声は明け方近く、こちらが精も根も尽き果てて意識を失うまでの間、遠くとも近くとも知れないところから、けらけらと絶え間なく聞こえ続けていた。

白き異界

再び意識が戻ったのは、午前六時半頃。

検温に訪れた看護師に起こされてのことだった。

結局、いくらも眠ることができず、目覚めてからも熱と背中の痛みはそのままだった。

ただ、件の得体の知れない笑い声の主たちに何かをされた形跡もなかった。不覚にも途中で意識を失ってしまったものの、それだけは幸いと言えた。

前回の入院時にも何度かあったのだけれど、こちらの眠りを妨げるようにして起こる怪異がいちばん厄介なものだと思う。少しでも余分に眠って身体を休めようと思っても、向こうの動向が気になって寝ように寝られなくなってしまう。

眠るとすれば、昨夜のようにこちらの気力体力が限界を迎えて意識を失ってしまうか、さもなくば向こうの手によって失神させられるという、理不尽な二択が大半だった。

前回の入院時には確か、三日目の深夜にこんなことがあった。

その日もやはり背中の痛みがひどく、なかなか寝付くことができなかった。

仕方なくナースコールで看護師に頼み、鎮痛剤を点滴してもらう。

看護師が病室を出ていき、気息を喘がせながら鎮痛剤が効いてくるのを待っていると、まもなく廊下のほうからかつかつかつと、乾いた足音が聞こえてきた。

一瞬、看護師かと思ったのだが、足音はサンダルやスニーカーが発するものではなく、もっと固くて鋭い響きを帯びたものだった。

足音は廊下の遠くからこちらへ向かってみるみるうちに近づいてくる。足取りは速く、なおかつ妙に荒々しく、入院患者が発するものとも思えなかった。

厭な予感を抱き始めたところへ足音は案の定、私が寝ている病室の中へと入ってきた。かつかつと鋭い音をたてながら一直線に、こちらのベッドに向かって近づいてくる。

「まずい」と思って身を起こそうとした瞬間、ベッドの周囲を仕切る分厚いカーテンを煙のごとくすり抜け、薄汚れたスーツに身を包んだ中年男が中へと音もなく入ってきた。

男はベッドの足元に陣取ると、厭らしい笑みを湛《たた》えてこちらをまじまじと見おろした。

とたんに私は意識を失い、再び気づくと、いつのまにか朝を迎えていた。

この時も体調自体に関しては、なんらの異変も見られなかったものの、仮に事なきを得ようが、決して気分のよいものではない。自ずと夜更け過ぎまで眠れずにいることと、夜中に目を覚ましてしまうことが、著《いちじる》しい緊張感を伴うものと化してしまった。今回もまた、夜中は憂鬱な時間になるのだろうが、願うことなら怪異が頻発するのは、もう少し容体が安定してからにしてほしいなどと思ってしまう。

夜中といえば、こんなこともあった。

入院から一週間近くが経ち、すでに体調もだいぶよくなってきた頃の話である。深夜二時頃、ふとした弾みに目が覚めてしまい、その後は寝付くことができなかった。仕方なく、ベッドの明かりをつけて本を読み始めたのだけれど、しばらくすると無性にのどが渇いてきた。

この頃には絶飲食も解除されていたので、同じ病棟内にあるデイルームへジュースを買いに行くことにする。デイルームは病室を抜け、廊下を少し進んだ先にあった。

点滴スタンドを押しつつ薄暗い廊下を渡り、休憩用のテーブルセットがずらりと並ぶデイルームへ向かうと、壁際に備えられている自販機で手頃なジュースを選んで買った。取り出し口からジュースを掴みだし、くるりと背後へ踵を返す。

すると、先ほどまでは誰もいなかったテーブルセットのひとつに看護師の女が腰掛け、こちらに背中を向けているのが見えた。

「いつのまに」と思うより先に、「出たな」と思って背筋に冷たい緊張が走る。

女が着ている制服は、この病院のものではなかった。

頭の上には、他の看護師たちが誰も被っていない白いナースキャップがピン留めされ、制服もパンツスタイルではなく、丈の長いワンピースのスカートである。

頼むからこっちを振り向くなよと祈りながら足音を忍ばせ、デイルームを抜けだした。

自分の病室へ向かって廊下を歩き始めてまもなく、サンダル履きのくぐもった足音が背後を追ってくるのが聞こえてきたが、まっすぐ前だけ向いて歩き続けた。

幸いにも追いつかれることはなく、どうにか無事に病室へ戻ってくることができた。

他にも夜半過ぎの病棟内では、どれだけ探し回れど、音の出所がまったく分からない謎の歌声が一晩じゅう、ひっきりなしに聞こえてきたことがあったし、静寂に包まれた暗い廊下の隅で、顔のない女の子とばったり出くわしたこともある。

こちらも夜中にうかうか出歩いてしまうのも悪いのだが、とにかく消灯時間を過ぎた病棟内は、病室の中も外も異様な空気に満ち満ちているという有り様だった。

ならば、夜だけ怪異に備えて警戒すればいいかといえば、そんなこともなかった。

やはり入院から一週間近く経った、昼下がりのことである。

入院病棟からエレベーターを使って降りた一階は、外来用の待合ホールになっている。ホールの一角には売店があって、入院生活に必要な物は大抵買い揃えることができた。

昼食後に暇を持て余し、雑誌でも買おうと思ってエレベーターで一階へ降りた。

ホールを突っ切り、売店のほうへ向かうと、店の中から子供が二匹、飛びだしてきた。

「二匹」というのは、子供たちの首から下が、真っ黒な毛並みをした仔山羊《こやぎ》を思わせる、四足歩行の獣に酷似していたからである。

顔つきは五、六歳ぐらいで、おそらく男の子と女の子。

艶々と光沢を帯びた体毛は芝生のように短く、分厚く隆起した胸板の固そうな質感や、細いながらも筋肉の引き締まった四肢のラインがよく分かった。

笑みを浮かべて店の中から飛びだしてきた二匹は、先端がV字形に分かれた黒い蹄《ひづめ》をリノリウムの冷たい床に打ちつけ、軽やかな足音を響かせながら私の眼前を駆け始めた。

その場に固まり、唖然としながら様子を見ていると、二匹は放射線検査室が立ち並ぶ廊下の奥のほうへと向かって、物凄い速さで走り去っていった。

その翌日の夕方近くには、こんなこともあった。

一階の待合ホールに降りていくと、妙な声が耳に障って視線を向けた。

声の主は病院着姿の老人だった。歳は八十過ぎぐらいだろうか。細身の小さな体躯《たいく》に、頬筋《ほおすじ》のげっそりと痩せ落ちた、しわだらけの顔。髪は白髪でぼさぼさに乱れている。

「本当にどうもお、ありがどおございましたぁ！」

老人は、待合ホールを歩く看護師のうしろをよろよろとした足取りで追いかけながら、しきりに声をかけている。

「本当にこんなぬ良ぐすてもらってぇ、ありがどおございますぅ！」

訛《なま》りの強い掠れ声で老人が話しかける一方、看護師のほうは前方に視線を向けたまま、素知らぬ顔で歩き続ける。何度話しかけられても、彼女は老人に一瞥《いちべつ》もくれることなく、待合ホールの彼方へ歩き去っていった。

すると老人は、近くを歩く他の看護師のほうへと近づき、同じように声をかけ始めた。

「本当におがげさまでねえ、こんなぬよぐすてもらって、ありがどおございますぅ」

しわだらけの顔に親しげな笑みを浮かべ、おぼつかない足取りで看護師を追いながら声をかけるも、やはり相手のほうは無視して歩くばかりである。

特異な感覚は鈍り気味といえども、違和感たっぷりな光景を二度も見せつけられれば、さすがに異変に気づいてしまう。

「おがげさまで、うんと良ぐすてもらいますたあ、このたびはありがどおございますぅ。本当にどうもありがどおございますぅ！」

ふたり目の看護師にも去られてしまった老人は、すぐさま三人目の看護師を見つけて同じように声をかけたが、こちらからもやはりなんらの反応もなかった。

続いて目星をつけた四人目、五人目の看護師からの反応もまったく同じ。彼女たちは老人の姿はおろか、声すら聞こえていない様子で平然と歩き続けるのみである。

そうして五人目の看護師にも去られると、老人はつかのま、だだっ広いホールの上に棒のごとく無言で立ち尽くし、それからホールの表側に面した玄関口のほうへ向かってのろのろと歩き始めた。

玄関はガラス張りの自動ドアである。老人が間近まで迫っても、ドアは開かなかった。代わりに老人は、眼前のガラスを平然とすり抜け、そのまま外へと出ていってしまった。

「やはりな」と思いながら私は、遠くへ消えていく老人の背中を静かに見送った。

前回の退院から今回の入院に至るまで、拝み屋の仕事が忙しく、切羽詰まった用件も相次いでいた。そのため、退院後はじっくりと仔細を思い返すことはなかった。

だが、こうして再び同じ病院のベッドに横たわり、入院中に遭遇した怪異を一件一件つぶさに思い返してみると、その発生頻度とバリエーションの多さに慄然《りつぜん》とさせられた。まるで心霊スポットにでも入院していたかのような具合である。

一体、どうした事情があって、この病院の様相が急変してしまったのかは分からない。代わりに分かっているのは、自分が再び病身でこの場に戻ってきたということである。

やはり、できうる限りの自衛を怠《おこた》らず、身体の回復を待つのが要《かなめ》と改めて思い做《な》す。

一夜明けても不調の治まる兆しの見えない身体の具合に悶え苦しみ、予測のつかない怪異の発生に戦々恐々となりつつも、私は有事に備えて警戒を続けることにした。

丸ごと消える

近江《おうみ》さんが高校時代の夏休みに体験した話である。

日が暮れ落ちてもなお、肌身が蒸されるように汗ばむ夜更け過ぎ、地元の友人たちと肝試しに出かけることになった。

場所は近江さんの自宅からほど近い場所にある、古びた廃屋。特に不吉な曰《いわ》くがある家ではないのだが、無人になって二十年近くも放置されているため、見た目は荒れ果て、いかにも肝試しにうってつけの不気味なムードを醸しだしていた。

現地に到着すると、家は玄関を始め、全ての戸口と窓に鍵が掛けられていた。引き返そうかという意見も出たのだけれど、せっかく来たのだからということになり、家の裏側に面した窓ガラスを割って中へ入った。

懐中電灯を片手に埃《ほこり》まみれの廊下を伝い、濃い闇に染まった家の内部を歩き始める。

みんなで騒ぎながら探索していると、畳敷きになった和室の片隅に橙色の小さな光が灯っているのが目に入った。

ぎょっとしながら懐中電灯の明かりをかざした先には、部屋の隅に設えられた仏壇と、その中で小さな火を灯す、燭台《しょくだい》に刺された一対の蝋燭《ろうそく》があった。

蝋燭の向こうには黒塗りの位牌《いはい》が三つ、横並びに祀られているのも見える。

てっきり空き家かと思っていたが、実は誰かが住んでいるのではないか？

そんな声が友人たちからあがったものの、それにしては周囲に人の気配を感じないし、家の中はどこを見て回っても荒れ放題である。なんとも妙な具合だった。

そこへ友人のひとりが仏壇の前へと近づき、蝋燭に向かってふっと息を吹きかけた。

とたんに火が消え、仏壇の中が真っ暗になる。

ところが暗く染まった仏壇の中に明かりを向けると、消えたのは火だけではなかった。

最前までは確かにあった蝋燭も位牌も一緒に消え失せ、もぬけの殻になっている。

「まさか……」と思って蒼ざめ、周りを隈なく調べてみたのだけれど、どれだけ探せど、蝋燭も位牌も見つかることはなかったという。

燃える話

美容師の円さんが、未だに目に焼きついて忘れられないという話を聞かせてくれた。

今から十五年ほど前、彼女が高校三年生の時だという。

お盆の夕方、遠方に暮らす父方の叔父一家が円さんの家に泊まりに来た。

一家は叔父と叔母、それから中学一年生になる娘の三人。精霊棚を祀った奥座敷にて、円さんの家族と夕餉《ゆうげ》を共にしながら、先祖にまつわる思い出話に花を咲かせた。

そうした話をしているうちに戸外も次第に暗くなり、話の内容も先祖の思い出話から、いつしか怪談話へと切り替わっていく。

父と叔父が、小さい頃に見たという人魂のことを話したり、母が学生時代に体験した金縛りのことを話したり、内容自体は他愛もないものが大半だったが、その場に揃った大人たちの口から途切れることなく次々と怪しい話が飛びだした。

怪談話に場が盛りあがってしばらくすると、叔父の娘も「あたしにも話させて！」と名乗りをあげた。なんでも、とびきり怖い話があるのだという。

「そんなに怖いのなら、ぜひどうぞ」ということで、彼女が話すことになる。

「えーと、じゃあ、本当に心して聞いてください。この話はわたしの……」

満面に笑みを浮かべ、勿体《もったい》ぶった口調で話し始めたとたん、ぼわりと大きな音がして彼女の頭が橙色の炎に包まれた。

たちまちみんなの口から悲鳴があがり、娘も巨大な火柱をあげる頭を振り乱しながら金切り声を張りあげる。

彼女の隣に座っていた叔父が、着ていたTシャツを脱いで燃え盛る頭の上に被せると、幸いにも火はすぐに消えたのだけれど、娘の髪の毛は根本辺りまでちりちりに焼け崩れ、ほとんど坊主のようになっていた。

「お前、何を話そうとしていたんだ？」と叔父が尋ねても、娘は泣きじゃくるばかりで、まともな答えは返ってこなかった。

結局、今でも彼女が何を話そうとしていたのかは分からないまま、円さんの脳裏には、突如として頭から火を噴いたその顔だけが、強烈な印象として残っているのだという。

炭の人

会社員の米津《よねづ》さんが、小学二年生の頃にこんな体験をしたのだという。

春先に祖父が高齢で亡くなり、地元の山中にある火葬場で荼毘《だび》に付された。

収骨の時間まで、初めのうちは両親と控室にいたのだけれど、そのうち暇を持て余し、ひとりで外へ出ていった。

火葬場の周囲は鬱蒼たる樹々に囲まれ、特にこれといって目を引くものはなかったが、代わりに山鳥たちが発する、珍しい鳴き声が方々から聞こえてくる。

木立ちの間に鳥の姿を探して歩いていると、いつしか火葬場の裏手に足が進んでいた。

ごうごうと炎の燃え盛る音が聞こえてくるが、炉は建物の壁へ張りつくようにして立つ木小屋の中にあるようで、外から様子をうかがうことはできなかった。

山鳥の声から炎の音に耳を傾け、木小屋のほうへと目を凝らす。

するとと木小屋のすぐ傍らの地面で、何かがもそりと動くのが見えた。

初めのうち、黒々と染まった粉状の炭か何かが堆積しているのだと思っていたそれは、まもなくゆっくりと起きあがり、人の形をなして立ちあがった。

はっとなってその場で身を強張《こわば》らせていると、人の形をしたそれは、のろのろとした足取りでこちらへ向かってきた。

背丈は大人の男ほど。顔には目も鼻も口もなかったけれど、五体の輪郭は紛れもなく人間のそれだった。まるで全身が炭でできた人間のようだった。

何もかもが真っ黒で人の形をしたそれは、十歩ほど歩いたところでぴたりと足を止め、今度は足元からもろもろと形を崩し始めた。

米津さんが硬直しながら目を瞠らせるその前で足元から膝、膝から腰、腰から胸へと瞬く間に形を崩し、再び元のこんもりとした黒い塊《かたまり》へと戻る。

びくびくしつつ近づいてみると、やはりそれは炭の小山のようだった。

粉状にばらけてさらさらとした炭が堆積している黒い小山はその後、待てど暮らせど、ぴくりとも動くことはなかったという。

愛煙家

都内の大学に通う燈子《とうこ》さんが、お盆に実家のある東北の田舎へ帰省した時の話である。

実家には高校生になる妹もいて、久しぶりの姉妹の再会に喜び合った。

帰省して二日目の夕暮れ時、晩ごはんを前に少し夕涼みでもしようということになり、妹とふたりで実家の裏手に広がる田んぼ道を散歩することになった。

土塊が剥きだしになった幅の狭い田んぼ道は、両脇に広がる田んぼを切り裂くように、まっすぐな一本線を描いて延びている。

少しだけ薄暗くなってきた野外では、肌身を幽《かす》かにくすぐるような微風が吹いていた。

田んぼのほうへ視線を向けると、青々と生え伸びる稲の葉が風に遊ばれ、音もたてずに踊るようにそよいでいるのが見えた。

妹と言葉を交わし合いながら道を進んでいくと、少し離れた前方に老人の姿が見えた。

七十前後とおぼしき、頭の禿げた、小柄でどことなく猿のような印象の老人である。

老人は雑草が刈りこまれた道端の地面にゆったりと腰をおろし、煙草を吹かしながら眼前に広がる田んぼを眺めていた。

おそらく自家の田んぼなのだろうと燈子さんは思う。

丹精をこめて健やかに育てた田んぼの様子を眺める老人の姿。

それ自体はのどかで風情を感じられる光景だと思うのだけれど、燈子さんにとってはひとつだけ、大いに心象を損ねる要素があった。

老人が口に咥《くわ》える煙草である。

燈子さんは小さな頃から、煙草の煙が大嫌いだった。

家族で煙草を吸う者もいない。

大学へ通うため、都内で独り暮らしをするようになってからは、周囲で煙草を吸う者はほとんどいなくなったので、概《おおむ》ね快適に過ごせていた。

けれども田舎へ帰ってくると、未だに傍《はた》迷惑な喫煙者が多くて辟易《へきえき》させられてしまう。

人前で当たり前のように煙草を吹かし、平然とした様子で路上喫煙を嗜《たしな》む彼らの姿を見かけるだけで、胸がむかむかして気分が悪くなってくる。

道は車一台がようやく通れるほどの幅しかない。このまま先へ進んでいけば、老人が吹かす煙草の煙を厭でも吸いこむ羽目になってしまいそうだった。

「まいったな……」と思いながらも、この道は別に老人の私有地ではない。風が肌身に心地よいことも手伝い、できればもう少し歩きたいという欲求のほうが勝った。

そのまま歩き続けていくと、まもなく老人の姿が近づいてきた。

老人はなおも変わらず、田んぼのほうへと視線を向けながら、紫煙を吐きだしている。なるべく息を抑えながら進んでいくのだけれど、それでも老人との距離が狭まるにつれ、不快な臭気が鼻につき、眉間に大きな皺《しわ》が寄る。

そこへ老人がふいにこちらへ首を向け、「こんばんは」と声をかけてきた。

しわだらけの小さな顔には親しげな笑みが浮かんでいたが、燈子さんの視線は老人の笑顔などより、片手に挟んだ煙草のほうへ注がれた。

こちらも一応、「こんばんは」と返したものの、煙草の先端からもくもくと立ち昇る煙の様子に、思わず顔が歪んでしまう。

すると老人のほうも、静かに笑みを引っこめた。代わりに小さな顔をうつむかせると、手にした煙草を地面に押しつけ、ぐりぐりと揉み消してしまう。

あ……ちょっと悪いことしちゃったかも……。

しまったと思いながら老人の様子を見守っていると、老人は再びこちらに顔を向けた。その顔にはまるで、悪戯《いたずら》を叱られた子供のような、ひどく寂しげな色が滲んでいるのが見てとれた。けれども、なんと声をかけたらよいものか。言葉が頭に浮かんでこない。

気まずい思いを抱きつつも、素知らぬそぶりで立ち去るのがいちばんか。

思い定めた燈子さんは、老人から視線を離して再び道を進もうとする。

その時だった。

目の前で腰をおろしていた老人の姿が、薄闇へ溶けるようにゆっくりと透け始めた。

一瞬、「嘘でしょう？」と思ったのだが、老人はこちらに寂しげな視線を向けながら、やはりじわじわとした調子で、その身が薄く透けていく。

透けゆく小さな身体越しに、老人の背後に広がる田んぼの景色がはっきり見えたのと、隣に並んで立っていた妹が悲鳴をあげたのが、ほぼ同時だった。

燈子さんもつられて声を張りあげてまもなく、老人は道端から完全に姿を消した。

あとは妹とふたり、悲鳴をあげながら全速力で田んぼ道を引き返してきたそうである。

肩透かし

入院から三日目。

容態は思っていたよりも早くに回復の兆しを見せ始め、熱は三十七度台まで落ち着き、背中の痛みもあらかた治まってきた。

少なくとも、苦痛に呻《うめ》き声をあげることだけはなくなった。

あんなに懸念していた怪異も、初日の深夜に女たちの笑い声が聞こえてきた以外には、特にこれと言って何が起こるわけでもなかった。
二、三度、ベッドの周囲でほんのかすかに妙な気配を感じたことはあったのだけれど、その気配も微々たるもので、自分の勘違いだと割りきれそうなものに過ぎなかった。
ならば、前回の入院時に頻発した怪異の原因は一体なんだったのだろうと考えた結果、もしかしたら私自身に問題があったのではないかと思うようになってきた。

二月に病気を患って以来、プライベートでもしばしば怪異が相次いでいたのだ。

原因はおそらく、私の体調である。

まるで死にゆく獣に群がる蠅《はえ》のごとく、この世ならざる連中が、病気で疲弊しきった私の許へ代わる代わる忍び寄っては、心を削《そ》ごうとしているのだろう。

春先から数えあげればキリがないほど、種類や被害の大小における統一感も一切なく、我が身辺では様々な怪異が起こっていた。

さらにはそれに加えてもうひとつ。前回の入院時には、私自身が有する特異な感覚が、異常を来たしていた可能性も考えられた。

六年ほど前、真弓と結婚して半年が経った頃、不明熱で数ヶ月も臥せったことがある。医者から処方された解熱剤を使って、どうにかぎりぎりの線で凌いでいたのだけれど、それは薬の力で無理やり熱をさげているだけで、身体が快方に向かっているのとは違う。日に日に体力は衰え、ひどい頭痛や関節痛に悩まされることになった。

この時期にも私は、ひっきりなしに様々な怪異に見舞われている。

それはまるで、この世ならざる者たちを感知するためのアンテナがおかしくなったか、勝手にリミッターが解除されてしまったかのような有り様だった。

家の中だろうが外だろうが、場所も時間も一切関係なく、はたと気づくとすぐそばで、どこの馬の骨とも知れない異形が佇み、わけの分からない怪異が発生し続けたのである。当時と同じようなことが、前回の入院時に再発したのではないかと思った。

入院中に周囲で怪異が頻発し続けたのは、この病院自体に問題があったからではなく、私のほうに無数の怪異を引き寄せる原因と、それらを片っ端から認識してしまうという感覚の異常があったゆえである。

今回の入院時も体調は最悪の極みだったものの、その後の回復が早かったこともあり、余計なものが寄って来づらくなっているのかもしれない。

身の回りで怪しい気配を感じることもほとんどないことから、特異な感覚についても、今回は異常を来たすまでには至らなかったようである。

確信を抱けるほどの決定的な裏付けはないものの、そんなふうに仮説を立ててみると、なんとなく筋は通るように思えた。

安易に結論付けて油断するのは危ういと判じ、今後も警戒は続けることにしたのだが、過度に身構えすぎるのも気疲れとなって、身体によくなかろうと考えた。

警戒しつつも「心持ちは穏やかに」と努め、療養に当たることにする。

翌日はさらに体調がよくなったので、数日前に実家の母に頼んで持ってきてもらったノートPC《パソコン》を、ベッドの柵に掛けたオーバーテーブルの上に開いた。

拝み屋に関する仕事のほうは、ここひと月の間に厄介な案件が概ね片付いていたため、当面はのんびり構えていることができそうだった。

ならば療養がてら、気持ちに多少なりとも余裕があって時間もたっぷり使えるうちに、新刊用の原稿を書き進めておこうと考えたのである。その時々の体調次第ではあったが、入院するたびに私はなるべく筆を執るよう努めていた。

病院内には、ＷｉＦｉなど、入院患者がＰＣからネットに接続できる設備が何もない。スマホやポケットＷｉＦｉを持っている患者はこの限りではないが、私が愛用している携帯電話は、十年以上も前に購入した古い型のガラケーである。気軽にネットを覗けるプランにも加入していないため、実質、インターネットは利用できない環境となる。

執筆中に調べものをする必要が生じた際には多少不便を感じるものの、利点を言えば、筆が捗《はかど》らない時にネットを覗いてさぼることもできないので、集中力の散漫と減退にはそれなりの抑止力にもなる。

おまけに私は、昔からテレビを見る習慣がほとんどない。入院中の暇つぶしと言えば、本を読むぐらいしかないため、ネットが覗けないとなれば、できることもほとんどなく、自ずと原稿に集中するしかなくなってしまうのである。

斯様な具合なので、入院中の執筆は概ね捗る。

ただ、一口に「捗る」とは言っても、書いた分の原稿が全て著作に使えるかどうかは、別問題である。入院中はどうしても「使えない」ほうの原稿を多めに書いてしまうのが、私の悪いところだった。

せっかくの機会なので白状してしまうのだが、私は昔から「怪談実話」というものに殊更強く「恐怖」や「戦慄」を求めることの少ない質だった。

入院にまつわる異様な話からもお分かりいただけるとおり、公私を問わず常日頃から、怪異が元で不遇な目に遭う機会が多い。そのため、実話を元にした怪異絡みの恐怖譚を、純粋な娯楽として楽しみづらいのだと思う。

恐怖を前面に押しだした「とびきり怖い怪談」よりはむしろ、不思議な手触りの話や、思わず噴きだしてしまうような滑稽な怪異、心優しき祖霊や狐狸妖怪などが巻き起こすほのぼのとした話のほうが、私は好きだった。

果たして弱った心と身体が癒しを求めてしまうものなのか、体調が思わしくない時に書き進める原稿は、ついついそうした内容の話が多くなってしまうのである。

読者が怪談実話の本に望んでいるのは、あくまでも背筋が凍りつくような怖い話。

それは重々承知しているつもりである。実際、私がこれまで書いてきた恐怖を前面に押しだした作品のほうが、高く評価されていることも知っている。

ただ、知ってはいるし、気をつけてはいるつもりでも、ベッドでノートＰＣを開いたこの初日は、昔聞いた妙ちきりんな怪異に関する話ばかりが無性に思いだされてならず、まともに筆を進めることができなかった。

一種の箸休めとして以下に五話、奇抜で間抜けな怪異に関する話を紹介していく。

おそらく需要はないとは理解しつつも、私はこんな話を思いだしていたのである。

転送

郊外のアパートで独り暮らしをしている野馬《のま》さんの話である。

ある朝、野馬さんは目覚めると、アパートの裏手にある空き地のまんなかに寝ていた。

それも綺麗に敷かれた布団に入った状態で、空き地の地面の上に横たわっていた。

布団は紛れもなく自分の物だったが、こんなところに敷いて眠った覚えはない。

昨夜は酒も呑んでおらず、酔った挙げ句にやらかした暴挙というわけでもない。

己の正気を疑いながらもパジャマ姿で布団一式を抱え、どうにか自室へ舞い戻った。

玄関ドアを開けると、こちらもなぜか、つけた覚えのない線香の香りが充満していて、どぎつく鼻をついたのだが、空き地で布団ごと寝ていた件との関連性は不明だった。

その後も同じアパートに暮らし続けているのだが、今のところ、新たに怪しいことが起こる気配はないそうである。

鼻から仏

台木《だいぎ》さんが中学二年生の時、こんなことがあったのだという。

休み時間に友人たちと教室でバカ話をしていると、ふいに鼻の奥がむずむずしてきて堪らなくなった。ティッシュの準備も間に合わず、両手で口を覆ってくしゃみをかます。

すると鼻の中から何かが飛びだしてきて、手のひらにこつんと当たる感触を覚えた。

なんだと思って見たところ、全長一センチほどの米粒みたいに小さな仏像だった。

恰幅のよい体格をして、蓮華の花の上に座するその姿は、奈良の大仏によく似ている。

全身は鈍い金色に染まっていた。硬くて冷たい手触りから、材質はおそらく銅である。

だが、こんなものがいきなり鼻から出てくる心当たりはない。

「なんだこれっ!」と友人たちに仏像を見せてみたが、彼らも知ったことではなかった。

結局原因不明のまま、謎の小さな仏像は教室のゴミ箱に捨ててしまったのだという。

ぼろぼろ

こちらは怪談実話としてはお馴染みの、心霊スポットと肝試しにまつわる話なのだが、個人的には発生した怪異が奇矯《ききょう》で、お気に入りの一話である。

今から十年ほど前の話だと聞いている。

当時フリーターだった阿澄《あずみ》さんが、バイト仲間たちと総勢五名で、地元の山中にある古びた心霊トンネルへ肝試しに出かけた。

件の心霊トンネルは、同じ山中に新道が開通して以来、出入口がバリケードで塞がれ、すでに三十年以上も使われていなかった。

嘘か誠か、トンネルが「心霊トンネル」と呼ばれる所以《ゆえん》はその昔、開通工事のさなか、落盤事故で死亡した作業員の霊が出るからなのだという。

夜半過ぎに車で現地に到着した阿澄さんたちは、赤錆びたバリケードの隙間を抜けてトンネルの中をひとしきり練り歩いた。

だが、特にこれといって変わったことが起こるわけではなかった。

ただ、それでも怖いムードはそれなりに楽しめたので、満足しながらトンネルを出た。

帰りの車中、友人のひとりが「腹減った。途中でなんか食ってかねえ?」と言うので、二十四時間営業の牛丼屋へ寄ることにした。

店に入ってカウンター席にずらりと並んで座り、店員が注文を訊きに来た時である。

「なんか食ってかねえ?」と提案した友人が、店員の顔に向かって人差し指を突き立て、「俺、特盛り! ツユ超だくだくで!」と叫んだ瞬間、彼の衣服に異変が起きた。

まるで衣服のみが千年の時を経たかのごとく、人差し指を突き立てた友人の身体からとろろ昆布よろしく、ぼろぼろと細かな塵となって身体の上から剥がれ落ちていった。

あとに残ったのは、下着姿で人差し指を突き立てる、呆然とした面持ちの友人の姿。

そして何事が起きたのかも分からず、唖然とした形相で彼を見つめる阿澄さんたちと店員の姿であった。

原因が心霊トンネルの祟りによるものだったのかは、未だに分からないままだという。

のだおぶなが

柔道家の播磨《はりま》さんが、琵琶湖の近くに立つ大きなホテルへ泊まった時の話である。

夜中、寝苦しさに目を覚ますと、ベッドの足元に怪しい人影が立っているのが見えた。

よく見るとそれは、ちょんまげ頭に緑色の裃《かみしも》を羽織った中年男だった。

男は、立派な口髭《くちひげ》を蓄えた面長の顔から細い両目を鋭く光らせ、射貫くような視線でこちらをじっと見おろしている。

たちまちびくりとなって身を強張らせたのだが、男の顔にはかすかな見覚えもあって、妙な違和感を覚える自分もいた。

誰だっけ、この人……？　思い始めてまもなく出てきた名前は、織田信長《おだのぶなが》だった。

凄まじい睨みを利かせながらベッドの足元に突っ立つ男は、教科書などに載っている信長の肖像画にそっくりな顔立ちしていた。

確かに琵琶湖の畔にはその昔、信長の居城のひとつと伝えられる安土城が立っていた。

だからこの地に信長の霊が現れるとしても、別段おかしな話ではないと思う。

だがどうして、なんの縁もゆかりもないであろう自分の許に信長の霊が現れるのか？

その点に関しては、まったく理由が分からなかった。

戸惑いながら思案を巡らせていると、ふいに信長が口を開いた。

「そなたも知っておろうな？　儂《わし》はのだおぶながである」

厳《いか》めしい声で告げられたひと言に「ああ……やはり」と一瞬、納得しかけたのけれど、次の瞬間「は？」と思って、がばりと身を起こしてしまった。

「のだおぶながってなんだよ、お前！」

呆れた声で怒鳴《どな》りつけるなり、目の前に立つ「おぶなが」は、たちまち困ったような顔つきになって、煙のごとくどろんと姿を書き消してしまった。

やっぱりパチモンだったか。なんて間抜けな奴なんだろう……。

再び独りきりになった薄暗い部屋の中、播磨さんはしばらくげんなりとした気持ちで不届き者の幽霊に微妙な思いを馳せたという。

なぜ届く？

都内で会社員をしている麗美《れみ》さんが、こんな体験をしたのだという。

週末の晩、麗美さんは地元の田舎に暮らす友人と電話をしていた。

しばらく地元には帰っておらず、友人と言葉を交わすのも久しぶりのことだったので、自ずと話が弾んで長電話になった。

気づけば二時間近く話していたところ、電話口の友人がふいに「あれ？」とつぶやき、

「なんか焦げ臭い匂いがする」と言いだした。

「嘘？　火事になったら大変だよ。周りでなんか、燃えてるんじゃないの？」

怪訝な声を発する友人に声をかけると、麗美さんも鼻腔《びくう》に何かが焦げる匂いを感じた。

「あれ？」と思って周囲に視線を巡らせたところ、背後のベッドの上に放りだしていたバスタオルから、ぶすぶすと黒い煙が立ち上っている。

ぎょっとなってタオルの端を掴みあげると、タオルの下に電源の入れっ放しになったヘアアイロンが転がっていた。

電話を始める少し前に使ったのだけれど、うっかり電源を切るのを忘れていたらしい。危うくもう少しで火事になるところだった。

「やばいやばい、原因はこっちだったよ。ヘアアイロンがタオル、焦がしてた」

苦笑混じりに電話口の友人へ事情を伝えるなり、向こうは「はあ？」と妙な声をあげ、続いて麗美さんも「ん？」と首を傾げることになった。

聞けば、麗美さんが焦げたタオルを始末したとたん、友人のほうで漂っていた匂いも
綺麗さっぱり消えたのだという。

経過を鑑みれば、友人が感じていた匂いの元は、麗美さんの部屋で黒煙をあげていたタオルだったということになるのだが、電話回線を通して伝わるのは、音声のみである。匂いが向こうに届くはずなどない。

それからしばらく、電話を通じて匂いが伝わる仕組みについて話し合ったのだけれど、まともな答えが出るはずもなく、ふたりで頭を悩ませたのだという。

肩慣らし

入院から五日目。

体調はなおも順調に回復も続け、安定の一途をたどっていた。

熱は完全にさがり、背中の痛みもすっかり消え失せた。

血液検査の結果によれば、炎症値の数値がまだわずかに高いらしく、消炎剤の点滴はもう少し続けるとのことだったが、経過は概ね良好だという。

怪異のほうも相変わらず、特にこれといって何が起こるわけでもなかった。

数日前まではかすかに感じることがあった妙な気配も、今やすっかり感じなくなった。

病院内の雰囲気は平穏そのもので、焦りも不安を感じる要素も認められない。

やはり前回の入院時に起きた異変は、私のほうに問題があったのだろうという思いがますます強くなっていく。しかし、こちらも決して悪い流れではなかった。

余計な怪異の勃発に神経を尖らせる割合が減ってくると、自ずと気分に余裕ができて、過去に人から聞いた怖い話を文章にしたためるのも、大して苦にはならなくなってきた。読者受けのよろしくない、珍奇な怪異にまつわる話を書く割合はしだいに減っていき、純粋に怖い話を書く割合が増えていく。

とはいえ、まだまだ肩慣らしといったところである。

他の怪談作家はどうなのか知らないが、怖い話というのは、中身が怖ければ怖いほど、書くのがえらく重たいのである。肩慣らしの段階でそうした話を勇んで書き始めるのは、三度の食事に例えるなら、寝起きに分厚いビーフステーキを食べるような愚行に等しい。順番を間違えると朝から胃がいかれて、その後の食事が台無しになる。

怪談の執筆も同じである。まずは軽めのものからゆっくり慣らしていって、頃合いを見計らいながら徐々に重たいものへと取り掛かっていくのが、私のセオリーだった。

斯様な具合に差し当たっては四話、軽めの怖い話を書いてみた。

「軽め」と言っても私の基準で測る「軽め」なので、実際の程度はどうだか分からない。思ったよりも軽過ぎず、かといって重過ぎもしなければよいのだが。

湧いて絡まる

昭和五十年代の中頃、会社員の尾見《おみ》さんが高校時代に体験した話だという。

週末の夜更け、尾身さんは自室で音楽を聴いていた。

今と違って、この時代の音響機器はラジカセが主流である。尾見さんもお気に入りの歌手の曲を録音したカセットテープを自前のラジカセに挿入して楽しんでいた。

ところがしばらくした頃、ふいにラジカセのスピーカーから「ぎゃあああああっ!」と得体の知れない女の声が轟《とどろ》き、ぶつりとテープが止まってしまう。

再生ボタンを押し直してみたが反応はない。

続いてイジェクトボタンを押してみると、なぜかテープの中から女のものとおぼしき長い髪の毛がぞろぞろと溢れだし、ヘッドにごっそりと絡みついているのが見えた。

髪の毛は頑固に絡んで取り除けず、ラジカセは廃棄にするしかなかったそうである。

お別れに

同じく会社員の結花《ゆか》さんが、やはり高校時代に体験した話である。

ある晩、自宅の風呂に入っていると、目の前のお湯がざぶりと音をたてて盛りあがり、中から額がざっくりとふたつに割れた、血まみれの女の顔が飛びだしてきた。

たちまち悲鳴をあげて湯船から飛びだすと、女の顔は湯の中に没して見えなくなった。

初めは恐ろしさにくらくらするばかりだったが、しだいに冷静さを取り戻していくと、湯船の中から現れたのは、中学時代に仲の良かった友人の顔だったことを思いだす。

不穏な胸騒ぎを覚え、しばらくぶりに彼女の携帯電話へ連絡を入れてみたのだけれど、何度かけても彼女からの応答はなかった。

それから数日後、彼女が飛び降り自殺で亡くなったことを人づてに知った。

死亡日時は結花さんが湯船で彼女の顔を見た時と、ほぼ同じ頃のことだったという。

バラードソニック

短大生の若菜《わかな》さんが、彼氏の車で海辺にドライブへ出かけた時のこと。

日暮れ時、人気の絶えた防波堤の近くに車を停め、夕焼け色に染まる海を眺めながら潮風に当たっていると、目の前に広がる海原の遠くから、かすかに歌声が聞こえてきた。

声は若い女性のもので、歌は少し悲しげな音色を孕《はら》む、しっとりとした曲調である。

「バラードっぽい感じだね」と若菜さんが言うと、彼氏も「うん」とうなずいた。

ふたりとも歌声は聞こえていた。だが、どこから聞こえてくるのかは分からなかった。

海には船の一隻も浮いておらず、朱色に染まった無数の波が揺らめくばかりである。

「どこで唄っているんだろう……？」

若菜さんが首を傾げてつぶやき、まもなくのことだった。

眼前に見える海の彼方から歌声が突然、こちらへ向かってぐんぐん近づいてきた。

音もあっというまに大きくなり、びりびりと鼓膜《こまく》を震わすけたたましい大音響と化す。

ところが、それでも声の主の姿は見えなかった。

「え？　嘘！　なになになに？」

その場で慌てふためき、海に向かって視線を泳がせていると、歌声は凄まじい速さで若菜さんたちの頭上すれすれの高さを一直線に駆け抜け、背後に聳える山並みのほうへ遠ざかっていった。

声がすっかり聞こえなくなったあともふたりの鼓膜はじんじんと疼き、少し悲しげな音色を孕む曲調が、しばらく耳に焼きついて離れなかったそうである。

どーんどーん

今から五年ほど前、専業主婦の宇美江《うみえ》さんが体験したという話である。

ある日を境に、宇美江さん宅の二階から得体の知れない物音がするようになった。

音の発生源はどうやら、中学二年生になる息子の部屋。

聞こえてくるのは決まって昼間、息子が学校に行っている間で、「どーんどーん」と何かを突くような、ぶつかるような音が小さく耳に届いてくる。

長くて五分ほど、短い時には一分ほどで鳴り止むのだけれど、ほとんど毎日のように鳴るため、日に日に原因を知りたい気持ちが募っていった。

だが、多感な年頃の息子からは、日頃から「勝手に部屋に入るな」という厳命があり、迂闊《うかつ》に中を覗くことはできなかった。息子に直接尋ねてみたところで、「知らねえ」とぶっきらぼうな答えが返ってくるばかりで、まるで話にならない。

然様な具合で宇美江さんは、原因不明の怪音の発生に毎日もやもやさせられていた。

そうした状況が一変したのは、音が聞こえ始めて十日近くが経った頃である。

日中、宇美江さんが居間でテレビを観ていると、息子からメールが入った。

「今日中に提出しないと、何週間も居残りになるかもしれない大事な宿題を忘れたので、学校まですぐに届けて欲しい」とのことだった。

やれやれと思うより先に「千載一遇の好機」と直感し、とたんにどくんと胸が高鳴る。

宿題は、息子の部屋の机の上にあるのだという。

この日はまだ、二階から音が聞こえてきていなかった。

加えていつもなら、もうそろそろ聞こえてきそうな時間でもある。

原因を突き止めるとすれば、今ほど打ってつけのタイミングはないだろう。

思い立つなり二階へ続く階段を静かに上り、息子の部屋の前へと陣取った。

予期していたとおり、十分ほど待っていたところで部屋の中から「どーんどーん」と乾いた鈍い音が、耳朶を震わすように聞こえてきた。いくらかためらいは生じたものの、チャンスは今しかないと気を取り直し、勢い任せにドアを開け放つ。

とたんにはっとなって、身の毛がぞわりと逆立った。

部屋の中では、白い着物に身を包んだ小さな女がうつ伏せになった状態で空中に浮き、壁際にあるクローゼットの扉めがけて、一心不乱に頭のてっぺんを打ちつけていた。身の丈はボーリングのピンと同じくらいで、長い黒髪をざんばらに振り乱している。小さな女は、クローゼットの扉に頭を打ちつけると、うしろへ一旦、すっと身を引き、再び勢いをつけて突進するを繰り返していた。

まるで梵鐘《ぼんしょう》を叩く撞木《しゅもく》のような動きである。

あまりの光景に声すらあげることができず、唖然としながらその場に硬直していると、女はこちらをちらりと一瞥し、目の前からすっと姿を掻き消してしまった。

その日の夕方、帰宅した息子に昼間の一部始終を打ち明けたところ、とたんに顔色を蒼ざめさせ、自室のクローゼットの奥から人の顔ほどの大きさをした、古びた釣り鐘を引っ張りだしてきた。二週間ほど前、「渋くてかっこいいから」という馬鹿げた理由で、学校の近くにある寺からくすねてきた物だという。

さっそく部屋の一角に吊るしたのだが、その日から毎晩、白い着物姿の女が夢の中に現れては怖い顔で詰め寄ってくるため、ほどなくクローゼットの奥へとしまいこんだ。

盗みの発覚を恐れ、寺に返しに行くこともできず、さらには釣り鐘をしまってからは、不思議と女も夢に現れなくなったため、最近は存在すらも忘れていたのだという。

事情を知った宇美江さんは呆れ果て、息子をこっ酷く叱りつけると、その日のうちに息子を引き連れ、寺へ釣り鐘を返しにいった。

翌日から二階の怪音は、嘘のようにぴたりと治まったそうである。

二人羽織

角田《かくた》さんが大学時代、地元の温泉旅館で友人たちと新年会を催した時のこと。

予約した大部屋でいい具合に酔っ払って楽しんでいると、そのうちに友人のひとりが「二人羽織やろうぜ！」と言いだした。

ちょうど暇を持て余しそうな頃合いだったし、彼の提案には賛成だった。

だが、自分もそれに付き合うとなると、誰もが面倒くさいと思ってしまう。

相方役を名乗り出る者は誰もおらず、結局、後輩の気弱な女の子がほとんど無理やり付き合わされることになった。

友人がテーブルの前へと座り直し、男性用の大きな羽織に袖を通した後輩の女の子が友人の背中に張りついて、羽織の袖に包まれた両腕を前方へ向かって伸ばす。

頭と胴体が友人で両腕が後輩の女の子という、不格好な二人羽織の完成である。

さっそく後輩の女の子が、テーブルの上に置かれた箸と料理の取り皿を手探りで掴み、ぎこちないそぶりで友人の口へ向かって料理を運んでいく。

お約束どおり、料理は口の中になかなかうまく収まらず、友人の顔の前にぼろぼろとこぼれ落ちたり、頬や顎に当たったりして、そのたびに周囲で笑い声が巻き起こった。

ところがそのうち、角田さんは二人羽織を見ていて「あれ？」と思ってしまう。

羽織の左の袖口から、生白い色をした腕がもう一本、余計にはみだしているのである。

後輩の女の子の右腕は、きちんと右の袖口から出て箸を握っているし、左の袖口から出ている二本の腕はどちらも左腕だった。したがって、彼女の腕ではない。

ならば友人の腕かと思い、彼に頼んで羽織の裾から両腕をだしてもらったのだけれど、こちらもこちらできちんと二本の腕が、羽織の中から出てきてしまう。

その後に及んでも、左の袖口からは余計な腕が一本、にょっきりとはみだしていた。

たちまち酒席を囲んでいた全員の口から悲鳴があがり、友人と後輩の女の子も急いで羽織を脱ぎ捨てた。

畳の上に投げだされた羽織をみんなで戦きながら調べてみたものの、くたりとなった羽織の中には、腕など見当たらなかったそうである。

ざぶざぶ

こちらも温泉旅館で起きた話である。

公認会計士の南合《なんごう》さんが春先の休日、地方の山間に立つ温泉旅館へ泊まりにいった時、こんなことがあったのだという。

午後の三時にチェックインを済ませ、楽しみにしていた温泉へ向かうと、広々とした湯船の中で子供たちが黄色い声をあげて泳いでいた。

歳は六、七歳ぐらいで人数は四人。

早い時間のせいなのか、風呂はさほど混み合っておらず、湯船に浸かる他の客たちも見て見ぬふりを決めこんでいるため、どうやらかなり調子に乗っているようだった。

いずれもこれみよがしに大きな飛沫をあげながら、我が物顔で泳いでいる。

南合さんも初めのうちは無視を決めこもうとしていたのだが、次第に苛々《いらいら》してきた。

のんびり湯を満喫しようと努めても、子供たちの声がやかましくて気分が落ち着かず、ばしゃばしゃと絶え間なく聞こえる水音のせいで、せっかくの風情も台無しだった。

幼いみぎり、周囲の大人たちから「風呂では絶対に泳ぐな」としつけを受けた理由を今となってまざまざと実感する。迷惑なこと、この上ない。

他の客らが「大人の対応」として無視を決めこむなら、自分は「大人の務め」として、ぜひとも注意をすべきだと思った。ざぶりと湯船から立ちあがり、子供たちに向かって鋭い視線を投げかける。

子供たちもすぐさまこちらの視線に気づき、一斉にはっとした表情を浮かべてみせた。続いて湯船の中へひとりずつ、ざぶりざぶりと頭を潜らせていく。

沈黙。

つかのま様子をうかがっていたのだが、子供たちは湯から一向に頭をださなかった。

妙だと思って彼らが潜った場所まで行ってみると、どの子の姿も湯の中にない。

冗談だろうと思って辺りを必死になって探し回ってみたのだけれど、子供たちの姿はついぞ見つかることがなかったという。

腹減らし

入院から六日目。

容態は変わらず安定。怪異が起こる気配も一切ない。

概ね万々歳といった状況だったのだけれど、ひとつだけ大きな問題も出てきていた。

腹が減って仕方がないのである。

三日前に水分の摂取は解禁されたのだが、食べ物のほうはもう数日、経過を見てから摂取の有無を判断するとのことだった。

膵臓を悪くして以来、基本的には食欲が落ちこんでいたし、病院に担ぎこまれてから数日間は発熱と背中の痛みに悶えていたため、食事のことなどまったく頭になかった。

ところがこうして身体の調子が落ち着いてくると、さすがに食欲不振の身であっても、人並みに腹が減ってきてしまうものである。

入院時における一定の回復後、ノートPCに向かってひたすら原稿を書くのと同じく、絶食が解禁されるまでひたすら空腹に耐え忍ぶのも毎回のお約束だった。

こんな時に原稿を書いていて頭に思い浮かんでくるのは、どんな話だとお思いか？

言うまでもなく、食べ物にまつわる怪談である。

思いだすまい、思いだすまい。思いだせば、ますます腹が減ってしまう。

理性のうえでは重々承知しているのに、人の本能とは時に大層えげつないものである。

容態が回復して空腹を覚える時期になると、脳裏に浮かんで原稿に書きしたためるのは食べ物に関する怪談が大半を占めるというのも、ほぼ毎回のお約束だった。

食事処

会社員の梶原《かじわら》さんが、短期の単身赴任で地方の田舎町へ引越した日のことである。

日暮れ過ぎ、引越しの手伝いに同伴してくれた妻と息子を車で最寄り駅まで送り届け、当面の住まいとなる社員寮へと引き返した。

そのさなか、視界の両側に田んぼと畑が延々と広がる小道をまっすぐ走らせていると、前方の道端に煌々と輝く乳白色の明かりが目に入った。

見れば、夕暮れに陰った畑の間に、全面トタン張りの小さく四角い小屋が立っている。明かりは、道路に面した小屋の正面に嵌《は》められたガラス戸の中から漏れていた。

側面の壁には、赤いペンキで大きく「食事処」と書いてある。

辺りに人影は見当たらず、車の往来もほとんどない。こんな辺鄙《へんぴ》な場所に店を構えて商売が成り立つのかと思ったたし、先ほど駅へ向かう際にこんな店があったかなと思う。

だが、そんなことよりも「食事処」の文字を見てまもなく、家族を送る時間の都合で夕飯をまだ食べていないことを思いだし、腹の虫が鳴きだした。寮に戻れば、帰り際に妻が支度してくれた夕飯があったのだが、空腹と好奇心のほうが勝ってしまう。

こんなところに構える店は、案外知る人ぞ知る隠れた名店なのかもしれない。

そんなことも思って期待しながら、店の前へと車を停めた。

車を降りて小屋を見ると、造りは真新しく、水色のトタンには傷ひとつついていない。開店したばかりの店なのかと思う。

「こんばんは」と挨拶をしながら正面のガラス戸を開けると、狭いカウンターを挟んだ店の奥に白い割烹着を着た恰幅《かっぷく》のよいおばさんが立っていた。中は四半畳ほどの広さで、カウンターの前に丸椅子が三つ並んでいるだけ。テーブル席はない。

おばさんは朗らかな笑みを浮かべて「いらっしゃいませ！」と声をあげ、梶原さんを席へ促すと、すぐさま大きな海老天が二本のった熱々の蕎麦を目の前に差しだした。

一瞬、「あれ？」と思ったのだけれど、店内にお品書きのたぐいが見当たらないため、どうやらこの店は蕎麦一本で勝負しているのだろうと判じた。

「いただきます」と頭をさげ、さっそくずるずると蕎麦を啜り始める。

蕎麦一本で勝負する理由が、ひとくち食べてすぐに分かった。

十割とおぼしき麺は、しゃっきりとした噛み心地で風味も濃厚。海老天は身が太くて旨味の強い上物。つゆも出汁《だし》の加減が絶妙で素晴らしい。少なくとも、これまで自分が食べてきた蕎麦の中では、ダントツでいちばんと評してよい味だった。

夢中になって吸いこむように麺を手繰《たぐ》っていると、あっというまに食べ終えてしまう。得も言われるほどの満足感である。

「美味しかったです。また来ます」と挨拶しながら勘定を支払い、上機嫌で店を出た。

翌朝、通勤中に昨夜の小道へ差し掛かると、道端に「食事処」の赤い文字が見えた。トタンの壁は赤黒く錆びついて幾重にも蔦《つた》が絡まり、正面の引き戸はガラスが割れてすっかり朽ち果てている。

昼休み、職場の同僚にそれとなく尋ねてみると、件の食事処は今から十五年ほど前に店主のおばさんが脳梗塞《のうこうそく》で倒れ、以来そのまま放置されているのだという。

主には近くの農家を相手に商売をしていたらしいのだけれど、美味い蕎麦だと評判で、わざわざ遠くから訪ねてくる客も多かったと、同僚は語った。

夕暮れ時の帰り道、朽ちかけた店の前に車を停め、どきどきしつつ中を覗いてみると、昨夜支払った蕎麦の代金が、カウンターの上にそっくりそのまま置かれていた。

梶原さんはお金に手をつけはせず、代わりに埃の積もったカウンターの奥に向かって「昨夜はごちそうさまでした」と合掌すると、無人の小屋を後にした。

以来、単身赴任を終えて家に戻るまでの間、再び店に明かりが灯ることはなかったが、本当に美味しい蕎麦だったので、時折無性に食べたくなって困ることがあるという。

甘味処

前話と少し、手触りの似た話である。

冬場の仕事帰り、営業職の萌美《もえみ》さんは、初めて通る田舎道で小さな甘味処を発見した。甘い物には目がないし、ちょうど小腹も空いていたので、車を停めて寄ることにした。

入口に掛けられた小豆《あずき》色の暖簾を潜って中へ入ると、店内は十畳ほどの小ぶりな構え。店を切り盛りしているのは、白髪頭の老夫婦である。

明るい声で「いらっしゃい！」と迎えられ、小さなテーブル席に案内される。

お品書きを眺めていると、お茶を運んできたお婆さんから「ぜんざいがお勧めよ」と言われた。勧めにしたがい、ぜんざいを注文することにする。

まもなく運ばれてきたぜんざいは、品のよい薄赤色に仕上げられた漉《こ》し餡《あん》の汁の中に、四角い餅がふたつ入った物だった。餅は軽く焼いてあり、表に薄い焦げ目がついている。

汁粉は甘さが控えめながらも小豆の旨味が強く感じられ、さらさらとしたのど越しも心地よかった。餅も適度に柔らかくて噛み応えもあり、米の甘さと焦げ目のほろ苦さが、ほどよい加減で調和している。お勧めどおり、すごく美味しいぜんざいだった。

すっかり虜《とりこ》になってしまった萌美さんは、ぜひまた来たいと思って店を出た。


それから数日後、またあのぜんざいが食べたくなり、今度は友人を誘って店に行った。ところが現地へ到着すると、店があったはずの場所は、ただの草むらと化していた。草むらの中には古びた地蔵が一体、長く伸びた青草に身体を半分うずめるようにして、ぽつんと寂しげに屹立している。

近所に雑貨店があったので店の主人に尋ねてみると、「そんな店はない」と返された。とても信じることができず、「確かにあったはずです!」と食い下がったのだけれど、「ないものはない」の一点張りだった。

その後、近くにある他の店にも立ち寄って尋ねてみたのだけれど、答えは同じだった。不思議な気持ちよりもむしろ、美味しいぜんざいが食べられないことに肩を落として、萌美さんと友人は家路に就いたのだという。

仕返しラーメン

フリーターの曽我部《そがべ》さんが休日、彼女とドライブに出かけた時の話である。

正午近くになって、「お昼は何を食べようか?」と話し合っていたところへまもなく、彼女のほうが寂《さび》れた国道の道端に一軒のラーメン屋を見つけた。

木造の掘っ立て小屋を思わせる小ぶりな構え。外壁は経年劣化で煤《すす》けたように黒ずみ、店の入口にはすっかり色褪せ、端のほうがぼろぼろにほつれた赤い暖簾《のれん》がさがっている。昼時だというのに、店の前の駐車場に車は一台も停まっていない。

こういう店は当たれば大当たりだが、はずれた時にはとんでもなく不味《まず》いラーメンを食わされる羽目になる。不穏な予感を察知した曽我部さんは、気乗りしなかったものの、彼女は「ここがいい」と言って譲らない。仕方なく、車を停めて中に入ることにした。

結果として曽我部さんの予感は、見事なまでに的中する。

七十過ぎとおぼしき、痩せ枯れた老夫婦が切り盛りするこの店で出てきたラーメンは、何をどうすればここまで不味くできるのかと思うほど、それはひどい味だった。

麺は茹ですぎてべろべろになっており、箸で掴みあげるとハサミで断ち切ったようにばっさりと千切《ちぎ》れ、丼の中へ戻っていく。

かろうじて醤油《しょうゆ》ベースと判別できるスープは、やたらと味が薄く、おまけに生ぬるい。

具には色の悪いチャーシューとメンマがあしらわれていたが、鳴門巻きの代用なのか、薄切りになった魚肉ソーセージも澄ました感じで並んでいた。

ひとくち麺を啜っただけでたちまち食欲が消え失せ、代わりに怒りがこみあげてくる。

彼女に「出よう」と目配せすると、彼女も「待ってました」とばかりに立ちあがった。

急ぎ足でレジのほうへと向かい、厨房から出てきた老婆に代金を支払う。

ところがそこへ、主人のほうも厨房から出てきた。

主人は曽我部さんたちが座っていたテーブルを一瞥するなり、みるみる顔色を曇らせ、「お兄ちゃんたち、食べ物を粗末にするもんじゃないよ?」と言った。

内心、無駄にしてるのはそっちだろうと思いながらも、「はあ」と曖昧な答えを返す。

とたんに主人の顔つきががらりと変わって、凄まじい怒声が店内に轟く。

「ガキじゃあるめえし、自分の腹具合ぐらい分かんだろう！　食べきれねえんだったら、初めっから注文なんかするんじゃねえ！」

老いた主人の的外れな暴言にかちんとなり、曽我部さんも怒鳴り返す。

「うっせえよ！　そういう台詞《せりふ》は、まともなラーメン作れるようになってから抜かせ！　酔っ払いのオヤジが丼に吐き戻したみてえな、えぐいラーメンだしやがってこの野郎！　金払ってもらえるだけありがたいと思え、このクソジジイ！」

主人はこれに怯むことなく、さらに声を荒げて怒鳴り返してきたが、馬鹿馬鹿しくて付き合いきれず、彼女と一緒に店を飛びだした。

苛々しながら車を発進させたものの、腹は減ったままだったし、口直しもしたかった。彼女と相談して、今度は少し進んだ先に見つけたファミレスへ入ることにする。

だが、席について注文を終えても、曽我部さんの怒りは収まらなかった。

スマホで検索すると、グルメ系の口コミサイトに先ほどのラーメン屋を見つけたので、腹いせにと思い、レビューを書いてやることにした。

彼女には「やめておきなよ」とたしなめられたが、店の主人の不遜極まりない態度と、信じられないほど不味いラーメンについて、かなり辛辣《しんらつ》な表現でレビューを書いた。

どぎついレビューを書きあげて送信すると、「してやったり」という気持ちになって、いくらか機嫌も落ち着いてきた。頼んだ料理が来る前に用を足すべく、席を立つ。

トイレに入って小便器の前に立ち、チャックをおろそうとした時だった。

チャックの内側で何やら生ぬるくて湿った感触が湧きあがったかと思うと、次の瞬間、それがズボンの中でずるずると滑り落ち、足元の裾から何かがはみだしてきた。

ラーメンだった。

それもぶつぶつと短く千切れたラーメンの麺である。

ズボンの裾からトイレの床へこぼれた麺は、両手がいっぱいになるほどの量があった。

蒼ざめながらトイレのゴミ箱に麺を捨てる。

急ぎ足で席へ戻ると震える指でスマホを立ちあげ、先ほど口コミサイトに書きこんだ辛辣なレビューを消したそうである。

行列のできる店

リサイクル会社に勤める脇《わき》さんから聞いた話である。

ある日の昼間、脇さんは車で得意先へ向かう道中、気になるラーメン店を見つけた。

交通量の多い国道沿いに立つ真新しい造りの店で、軒先には老若男女の入り混じった十人ほどの短い列ができている。

いかにも「当たり」の空気が漂う、期待の持てそうな構えである。

脇さんは昔から大のラーメン好きで、気になる店はかならず味を見るようにしている。

得意先で用を済ませたら、帰り足にさっそく寄ってみようと思った。

それから数時間後、夕方近くに得意先を辞し、再び国道へ戻ってくると、店の前には相変わらず十人ほどの列ができていた。ますます期待に胸を膨らませ、店の駐車場へと車を入れる。

ところが車を降りて列の最後尾につこうと、店のほうへ近づき始めた時だった。脇さんの口から「え……」と妙な声が、こぼれ漏れる。

店の前に並ぶ客たちは、皆一様に身体がもやもやと、蜃気楼《しんきろう》のように揺らめいていた。目の錯覚かと思ったが、まじまじと目を凝らしても、やはりもやもやと揺らめいている。

信じられない心地でさらに歩を進めて近づいていくと、客たちの姿はみるみる透けて薄まってゆき、あっというまに店の前からひとり残らず消えてしまった。

ここでようやく「うわっ！」と悲鳴があがった脇さんは、大急ぎで車へ乗りこむと、猛スピードで駐車場を飛びだした。


それからふた月ほど経って再び得意先に向かう途中、国道上を走らせながら件の店を見たところ、店は看板が取り払われて空き物件になっていた。

のちにネットで調べてみると、この土地はラーメン店の以前にもファミレスや蕎麦屋、カレー店などが営業していたのだが、いずれも一年以内に閉店していることが分かった。

経過を俯瞰すると、それらの店が営業していた時にも、軒先に得体の知れない連中が並んでいたのではないかと脇さんは思ってしまったそうである。

脳の知らせ

会社員の松森《まつもり》さんが大学を卒業後、就職してまもない頃の話だという。

真夏の深夜、松森さんは高校時代の友人たちと数名で、地元のファミレスに出かけた。店員に案内され、テーブルについてまもなくすると、倉野《くらの》さんという友人のひとりが
「トイレに行ってくる」と言って席を立った。

トイレに向かって店内を歩いていくその背中をなんともなしに目で追っていたのだが、歩き始めてすぐに倉野さんはつるりと足を滑らせ、仰向けに思いっきり転倒してしまう。

冷たく固い床へ諸《もろ》に頭を打ちつけた倉野さんの頭頂部は、ばっくりと大きな穴を開け、中からピンク色をした脳味噌が血まみれになって、ぐしゃぐしゃとこぼれだしていた。

思わず悲鳴をあげて立ちあがると、異変に気づいた他の友人たちからも悲鳴があがる。

みんなで血相を変え、慌てて彼の許へと駆け寄っていった。

ところがそこへ倉野さんがむくりと起きあがり、頭を擦りながら「痛てて」と呻いた。再びぎょっとしつつも彼の頭に視線を向けると、脳味噌どころか流血さえもしていない。「大丈夫か?」と尋ねたところ、「痛いけど大丈夫」とのことだった。

倉野さんの頭から脳が露出している光景は、他の友人たちも全員見ていたのだけれど、倉野さん本人は、なんのことだかさっぱり分からないとのことだった。

妙なこともあるものだと思いながらも気を取り直し、再びトイレへ行った倉野さんが戻ってくるのを待って、みんなで料理のオーダーを始めた。

松森さんたちが当たり前に一人前の料理をオーダーをしていく一方、倉野さんだけは「なんだか無性に食べたい気分だ」と言って、大きめのハンバーグステーキをふたつとスパゲッティを一皿、それからエビフライとカキフライをオーダーした。

さらにはこれらにライスも付くため、悠に三人前はあろうかというボリュームになる。彼は平素、特に大食らいというわけでもないため、これは驚くべき量だった。

「お前、頭の打ちどころが悪かったんじゃないのか?」などと呆れながら尋ねたのだが、当の倉野さん自身も己の食欲が不思議なようで、「自分でもよく分かんないだよね」としきりに首を傾げてみせた。

果たして食べきれるものかと松森さんらは訝《いぶか》しんでいたのだけれど、まもなく料理が運ばれてくると、倉野さんは物の見事に全ての料理を平らげてみせた。

まるで腹の中身が全て胃袋と化してしまったのごとく、途中で箸を休めるそぶりさえ見せることなく黙々と料理を口に運び、目の前にずらりと並んだハンバーグプレートや皿の上がたちまち空になっていった。

さすがに食後はかなり苦しそうに呻いていたが、それでも吐き戻すようなこともなく、「満足した」と笑みを浮かべ、みんなに向かって親指を立ててみせた。


倉野さんが亡くなったのは、その翌日のことだった。

昼休みに勤め先の会社から近所の飲食店へ自転車で向かう途中、一時停止を無視して横断歩道に突っこんできた車に轢《ひ》かれてしまったのだという。

通夜から火葬に至るまで、彼の遺体が収められた棺の小窓が開かれることはなかった。周囲の遺族たちが小声で囁き交わす話を聞くと、どうやら首から上にひどい損傷を受け、とても見られたものではないとのことらしかった。

事情を知るなり、ファミレスで目にした異様な光景が脳裏にまざまざと蘇る。

転倒した倉野さんの頭に幻のごとく見えた、ぐしゃぐしゃに乱れた血まみれの脳味噌。
あれは彼の死を予兆する、一種の虫の知らせのようなものだったのではないだろうか。
そんなふうに考えると、辻褄が合うように思われた。
それに加えて突拍子もない大食いについても、道理が分かったような気がした。
彼が事故で逝く直前、昼食を食べに飲食店に向かっていたのを鑑みれば、そうなのだ。
不運な死によって食べ損なってしまう最後の食事を、前夜にまとめて食べたのだろう。
訃報を聞きつけた他の友人たちも、松森さんと同じ意見だった。
けれども何を思ったところで、亡くなった倉野さんが戻ってくるわけでもない。
不思議な出来事に驚くより、早すぎる友人の死にみんなで肩を落としたのだという。

なんだやなんだや、なんずもねえ！

入院七日目。病院に担ぎこまれて、ちょうど一週間を迎えた。

この日の夕方、回診に訪れた主治医の判断でようやく明日の朝から、待ち望んでいた食事が解禁されることになった。

絶食が終わったあとに供される最初の食事は、大体いつもこんな具合の献立である。わずかにとろみのついた白湯《さゆ》に等しい三分粥《さんぶがゆ》と、何も具が入っていないすまし汁。あとはせいぜい四等分に切られた小さな豆腐か、擦りおろしたリンゴがつくくらい。斯様に貧弱なメニューなのだが、腹が減っている時というのは、こんな物であっても信じられないほど美味しく感じられるものである。

翌日、起床してまもなく運ばれてきた、やはり白湯に等しい三分粥を主とした食事を私は夢中になって平らげた。久方ぶりに摂る食事は、頭が真っ白になるほど旨かった。

その日の夜更け過ぎのことである。

眠気はそれなりに催しているというのになかなか寝付くことができず、ベッドの中で煩悶《はんもん》していると、そのうち病棟内のどこからか、妙な声が聞こえてきた。

「なんだやなんだや、なんずもねえ！　なんだやなんだや、なんずもねえ！」

声の主は男。太くて嗄《しわが》れた感じからして、中年か老人のものだろうと思った。

「なんだやなんだや、なんずもねえ！」というのは仙台弁なのだが、標準語に改めると、「なんてことだろう、どうしようもない！」といった意味合いになる。

何が「なんずもねえ」のかは分からないが、声はしきりに同じことを繰り返し続ける。それを聞いているうちに、こちらは「そろそろ来たか」と思い始めた。

前回入院した時にも、声に関する怪異はしばしば発生し、厭な思いをさせられていた。基本的には無視を決めこんでいれば、他には何も起こることがないのだが、長く続くと耳障りで仕方がない。安眠の妨げになるという点では、十分質の悪い怪異である。

加えて声がなかなか収まらないと、しだいに正体が気になってもくる。そんな時にはついつい病室を抜けだし、声の出所を探してしまう。

大抵ろくなことにはならないのだが、中には声だけの怪異から別種の怪異に変化して、さらに深刻な被害をもたらすケースもあった。あまりにも長い時間、声が収まらないか不穏な気配を感じた場合は、正体を確認せずにいられなかったのである。

この日は後者のほうだった。病棟内で盛んに繰り返される男の声は、聞けば聞くほど薄気味悪く感じられ、しだいに背筋がそそけ立ってきてしまう。

「なんだやなんだや、なんずもねえ！　なんだやなんだや、なんずもねえ！」

このまま放っておいて向こうからこちらへ来られるよりは、自分のほうから出向いて、せめて正体だけでも知っておいたほうがよかろうと判じた。静かにベッドから抜けだし、点滴スタンドを押して病室を出る。

「なんだやなんだや、なんずもねえ！　なんだやなんだや、なんずもねえ！」

薄暗い廊下の前に足を踏みだすと、声はさらに大きく、耳にはっきりと聞こえてきた。場所も容易に特定できる。私の病室から三部屋ほど離れた、個室の中から聞こえてくる。

「はてさて、鬼が出るか蛇が出るか……」などと思いながら個室に向かって緊張気味に歩きだしたところへ、背後から看護師がふたり、小走りにやってきた。

ふたりは私の横を通り過ぎ、声が聞こえる個室の中へと入っていく。

ここでようやく「あれ？」と思った。同時に、額から妙な汗も浮きだしてくる。

「なんだやなんだや、なんずもねえ！　なんだやなんだや、なんずもねえ！」

「大丈夫ですか？　落ち着いてくださいね。お薬、飲みましょうか？」

個室の中から、大声で喚き散らす男の声に混じって、看護師たちの声も聞こえてきた。

急ぎ足で部屋の前へと向かい、気配を殺して中を覗いてみると、八十前後とおぼしき痩せ枯れた老人がベッドの上で半身を起こし、胴間声を張りあげている。看護師たちはそれをやんわりと窘《なだ》め、何かの薬を飲ませようとしているところだった。

安堵を覚えるよりも大いに落胆し、とぼとぼとした足取りで自分の病室へ戻っていく。

老人は紛れもなく、生身の人である。おそらく認知症のたぐいを患っているのだろう。

結果的に声の主が魔性の者でなかったという点については、よいことだった。

だがそうした一方、実際に正体を確認するに至るまで、生身の人の声を怪異と思って疑わなかった自分の判断力に大きなショックを受けてしまう。

やはり私の有する特異な感覚は、日に日に鈍化の一途をたどっている。

げんなりとした気持ちを抱えながら病室へ戻り、ベッドに入り直してみたのだけれど、その後もなかなか寝付くことはできなかった。

視えるを描く

斯様に特異な感性が鈍りがちになっている私だが、鋭ければ鋭いなりに調子に乗って愚《おろ》かな真似をしたこともある。若気の至りと思って読んでいただければ幸いである。

もうすでに二十年近くも前の話になる。私が拝み屋を始めて、まだまもない頃だった、大層罰当たりなことに私は一時期、幽霊をスケッチすることに没頭したことがある。

きっかけと動機は「客観的な証明」が欲しかったから。

しばらくぶりに顔を合わせた知人に、自分が拝み屋という特異な仕事を始めたことと「実は昔から妙なものが視える」という話を打ち明けたところ、即座に「嘘つき!」と返されたことに端を発する。

別に拝み屋というのは、己の特異な感覚を他人様に信じてもらうのが、務めではない。価値観など人それぞれだし、人から「嘘つき」と言われても黙っていればよいのである。

ただ当時、まだ二十代前半の青臭い若造だった私は、知人のこのひと言に憤慨した。どうにかして、こいつの鼻を明かしてやれないものか？　決定的な物証を突きつけて、ぎゃふんと言わせてやりたい。そんなことを思い、真っ先に試みたのは写真だった。公私を問わず怪しいものを見かけるたびに、携帯電話のカメラで片っ端から撮影した。だが、結果はことごとく不発だった。撮影された写真は、ごくごくありふれた風景写真だったり、何を意図して撮ったのか分からないようなものばかりで、霊など一体も写すことができなかった。

鬱屈した気分である日の深夜、地元のコンビニへ出かけた時のことである。店内の商品棚を眺めていると、視界の上を何やら白いものがふわふわと掠めていった。見るともなしに視線をあげると、寝間着姿の痩せた老婆がうつ伏せの水平姿勢になって、店内の中空をすいすいと泳ぎ回っていた。

老婆は、私の頭上から五十センチ辺りの高さに浮かび、店内に立ち並ぶ商品棚の間を身を捩《よじ》りながら旋回していた。黒ずんだ顔面は、象の尻を思わせる細かいひびに覆われ、どんよりと濁った目は、無感動な眼差しで茫然と虚空を見つめている。

絡まれたくなかったため、何食わぬ顔を装い、そそくさと買い物を済ませて店を出る。車へ戻り、フロント越しに店内を見直しても老婆はまだ中にいた。煌々と明かりの灯る店内の宙をたゆたう老婆の姿は、まるで巨大な水槽を回遊する怪魚のようにも見えた。多分に浮世離れした不気味な光景だったのだが、同時になんだか物珍しくも感じた。漫然と老婆を見ているところへ、財布と一緒に握り締めていたレシートが目に留まる。続いて、ほとんど無意識のうちにダッシュボードに手をかける自分がいた。中を開けば案配よく、使い古しのボールペンが出てくる。すかさずペンを手に取って、レシートの裏面に老婆の姿をさらさら描き写す。老婆のほうは、こちらの視線に気づくそぶりもなく、呆けたような面持ちで店の中を相変わらず悠然と泳ぎ回っていた。

二分ほどペンを走らせると、レシートの裏面に老婆の肖像ができあがった。

手前味噌のようで甚だ恐縮なのだが、元々はイラストレーター志望で美術専門学校を卒業した身である。素描は、学生時代に散々やらされてきたので、仕上がりはまずまず。細長いレシートの裏面に老婆の姿は生々しく、誰もが視認できる形となって現れている。

それで私は確信したのだった。

ああ、そうか。この手があったのだと。

翌日から私は、スケッチブックを片手に地元界隈を東西奔走し始めた。

別段、曰くのある場所など探さずとも、少し意識を巡らせば〝視えざる彼ら〟の姿は、のどかな田園風景のそこかしこに散見することができた。

山中の廃屋。神社。寺。墓地。公園。病院。トンネル。民家の軒先。住宅地の路地裏。時には道ゆく誰かの肩や背中、頭の上など。

ほぼ連日のごとく、昼夜を問わず時間が空けば外へ飛びだし、無我夢中で絵を描いた。

廃屋の窓からこちらをじっと見つめる男の顔。

鎮守の森の樹々の頭上から、大蛇のごとく垂れさがる巨大な腕。

民家の軒下にぷかぷかと浮かぶ、夫婦と思しき男女の生首。

病院の駐車場を、巨大な蜘蛛のごとくがさがさと這い回る着物姿の女。

民家のブロック塀の向こうからぬっと身を乗りだし、にやにやと笑い続ける謎の老人。

普段、私がこうしたものを目にするのは、仕事をおこなう過程で視るべき必要がある場合と、時折何かの弾みで向こうが勝手に視界へ入ってきた場合の二点のみである。

個人的な理由で普段は視えざる者たちを目にしたのは、この時が初めてのことだった。

意図して視れば視ていくほど、彼らの姿は心底忌まわしく感じられ、発見するたびに軽い目眩《めま》いと動悸を覚えた。

それと同じく、彼らの姿を視れば視るほど、彼岸と此岸の境界がもやもやと揺らいで、気持ちがひどく不安定になっていく自分もいた。

けれども私は、それでも執拗に彼らの異様な姿を描き続けた。


やがて半月も経たぬうちに、スケッチブックの半分以上が気味の悪い異形たちの姿で埋め尽くされた。さながら私家版の拙《つたな》い幽霊図鑑といった趣きである。

とはいえ所詮はただの絵。信じぬ者が見れば、単なる空想画と変わらない。肝心要な「客観的証明」という点においては、決定的な物証になり得るものではないと、薄々理解はしていた。

ただ、どんな形であるにせよ、「物証らしき」ものが手元にあるのは心強くもあった。辛辣な批判に対してもそれなりの反論ができると、足らぬ頭でそれなりに満足していた。

加えて厭な気持ちになりつつも、スケッチを続けたのには他にも大きな理由があった。

私が鉛筆を走らせるさなか、「モデル」である彼らが悉《ことごと》く従順だったからである。

騒ぐでも近づくでも消えるでもなく、私があらまし描き終えるまで、彼らはいずれもその場に大人しく佇《たたず》んでくれていた。

これが私に過剰な意欲と継続性を与える要因になっていた。

不毛な自己満足と「大丈夫」という慢心が、しだいに拝み屋としての道理も忘れさせ、その後も私は憑かれたように〝視えざる彼ら〟を描き続けた。


そんな常軌を逸した日課がしばらく続いた、ある日の深夜のことだった。

地元のとある墓場へ車で乗りつけ、懐中電灯を片手に墓地の中を散策した。

しばらくうろついていると、鮮やかな紫色の着物に身を包んだ女の姿が目に留まる。

女は墓場の片隅に置かれた大きな石の上に、ゆったりとした風情で腰をおろしていた。

歳は三十代の初め辺り。黒髪をうしろに丸く束ねた、線のか細く、色の白い美人だった。

幸い、女はこちらの存在に気づく様子もなく、楚々《そそ》とした姿勢で石の上へと静かに座り、たおやかな笑みを浮かべて、墓地の向こうに広がる竹林をじっと見つめるばかりである。

しめしめと思いつつ、私も近くの石に腰かけ、嬉々としながらスケッチブックを開く。

紙面に懐中電灯をかざしつつ、女の輪郭を描き始めた時だった。

ふいに女の首がこちらを向いた。

どす黒い闇の中で、私と女の視線がぴたりと重なる。

続いて潮が引くように、女の顔からすっと笑みが消え失せる。青白い月の光を浴びた女の顔は一転、ぞっとするほど冷たいものへと豹変していた。

「びぃいいいいいいいいぃぃぃ」

ミンミンゼミの鳴き声をさらに甲高く、鋭くしたような声が女の口から漏れた。

聞いているだけで頭が芯がびりびりと痺れ、背中の肉をごっそり抉《えぐ》り取られるような、それはとてもおぞましい声音だった。

「びぃいいいいいいいいぃぃぃ！」

声がますます大きくなる。恐れ戦き、反射的に背後へ仰け反ったとたん、女の顔がすぐ目の前にぐわりと迫った。

悲鳴をあげながら墓場を逃げだし、車の中へ飛びこむ。

背後では女の発するかまびすしい大絶叫がなおも轟き、私の耳をつんざいていた。

わなわなと震える指にどうにか力をこめ、ようやくの思いで車のキーを回す。

エンジンが掛かるやアクセルをベタ踏みにして、自宅へ向けて猛然と車を発進させた。

「びぃぃぃぃぃぃぃぃぃぃぃぃ！」

声が車の後方からけたたましく轟いた。女も墓場を抜けだし、あとを追ってきていた。生きた心地もしないまま、全速力で車を飛ばす。けれども声は少しも遠のくことなく、車のうしろにべったりと貼りつくようにしてついてくる。

このままだと、確実に家まで連れ帰ってしまう……。だが、他に逃げられる場所など、どこにもなかった。為す術もないまま、進退窮まる思いで車を自宅に向けて走らせる。

ほどなくして、自宅の門口が見えてきた。

声の勢いは少しも収まる気配がなかったが、やむを得ず門口の中に車を滑りこませる。とたんに声がぴたりと止む。

背後に感じていた不穏な気配も消え失せた。

意外な収束に面喰いながらも、胸元に膨らんだ安堵の吐息が、深々とのどから漏れる。ところが、這《ほ》う這うの体で庭先に車を停めたとたん、助手席に只ならぬ気配を感じた。思わず「うわっ！」と悲鳴があがる。

反射的に目を向けると、顔じゅうに鬼のごとく凄まじい形相を拵《こしら》えた禿げ頭の老人が、助手席にどっかりと腰をおろし、射抜くような目で私を睨み据えていた。

それは私が幼い頃に交通事故で亡くなった、母方の祖父だった。

「あっ」と口から声が漏れた瞬間、鼻っ面に鋭い痛みと衝撃が走った。

祖父の突きだした固い握り拳が、渾身の力で私の鼻を打ちつけたのだった。

激痛と驚愕に呻きながら再び顔をあげると、助手席に祖父の姿はなかった。

あとに残ったのは、じんじんと疼《うず》く鼻先の痛みと、己の愚行に対する悔恨である。

祖父の顔を目の当たりするまで何も気づかなかった自分が、たちまち情けなくなった。

おそらくスケッチを始めて以来、祖父はずっと私のそばにいてくれたのだろう。

「視えざる彼ら」が、私に対して従順だったわけではない。祖父が常々私の傍らにいて、目を光らせていればこそ、彼らもやすやすと私に手出しができなかったのである。

在りし頃、祖父は豪胆かつ烈《はげ》しい気性の持ち主で、親類一同から大変畏《おそ》れられていた人物だった。しかし義理人情にはすこぶる厚く、殊《こと》に小さな子供に対しては仏のように優しい人でもあった。初孫だった私自身も、祖父にはとても可愛がられて育った。

そんな優しかった祖父に手をあげられたのは、この時が初めてのことだった。

さすがの優しい祖父も、馬鹿なことを一向にやめる気配のない孫の醜態に、とうとう堪忍袋の緒が切れたのだろう。そんなことを思うと、やりきれない気持ちになった。

できればきちんと面と向かって、祖父に謝りたいと思った。

同じく、しばらくぶりに垣間見た祖父の姿を、もう一度だけでも拝みたかった。

だが、どれだけ意識を尖らせようと、祖父は再び私の前に姿を現わすことはなかった。

誰よりも描きたかった人物の再来と消失に、私はおいおいと声をあげて咽《むせ》び泣いた。

この夜の一件を境に、私は軽はずみな彼岸の肖像を描くことを一切やめた。

拝み屋を始めてまもない時分に受けた、祖父からの厳めしくも情に溢れたこの洗礼は、未だに私の心に強く刻みつけられている。

ぶらさがり健康器

五年ほど前の話だという。

会社員の住山《すみやま》さんが、ネットオークションで中古のぶらさがり健康器を買った。

以前はジムに通って身体を鍛えていたのだけれど、ここしばらくは仕事が忙しすぎて、なかなか時間を作ることができなかった。

ぶらさがり健康器ならば自宅で好きな時に懸垂《けんすい》などができるし、今の忙しい自分には打ってつけだろうと考えての落札だった。

まもなく出品者から届いたぶらさがり健康器は、少々使いこまれて古い感じだったが、使用する分には問題なさそうだった。利便性を考えてリビングの片隅に置くことにする。

ところが設置してまもなくすると、三歳になったばかりの息子がぶらさがり健康器を見て怯えるようになってしまった。

リビングで一緒にテレビを観たり遊んだりしていると、息子はふいにぎくりとなってぶらさがり健康器のほうに視線を向け、はっとした表情を浮かべて大泣きを始める。

「何が怖いのかな?」と尋ねると、息子は自分の首筋に両手をぎゅっとあてがいながら、

「ぐえんえ、ぐえんえ、ぐえんえ!」と低い呻き声をあげてみせる。自分で自分の首を絞めているようにしか見えないのだが、何を訴えているのかは分からなかった。


そうしたある日、住山さんの大学時代の友人が泊まりがけで遊びに来た。

久しぶりに顔を合わせたので、酒を酌み交わしながら夜の遅い時間まで盛りあがった。

友人は住山さんの奥さんがリビングに敷いてくれた布団で眠り、住山さんたち親子は、自分たちの寝室で寝た。

翌朝、目覚めてリビングへ行くと、友人がぶらさがり健康器の上部についた握り棒に電気コードで首を括《くく》って死んでいた。

前夜、彼の様子に変わったそぶりは見られず、遺書らしきものも見つからなかった。

彼の身内や知人たちに尋ねても、自殺するような動機はないだろうとのことだった。

件のぶらさがり健康器は、まもなく処分したそうである。

リピート

都心に暮らす、柚《ゆず》さんの体験した話である。

数年前の夏場、彼女が職場の飲み会から帰宅する途中のことだった。

深夜零時過ぎ、自宅にほど近い国道に面した歩道を歩いていると、ふいにどこからか、わいわいと陽気に騒ぐ男たちの声が聞こえてきた。

見れば声の主は、柚さんの進行方向から十メートルほど離れた、道の向かい側にいた。二十代半ば頃とおぼしき青年が三人、道路を挟んだ路肩の上に立って、目の前の路上を見ながらはしゃいだ声をあげている。

どうやら彼らは、道を横断するタイミングを見計らっているようだった。

けれども道路は両側四車線で道幅が広いうえ、こんな遅い時間でも車の往来が激しい。おまけに彼らは、ひどく酔ってもいるようだった。あんな様子で大丈夫なのかと思う。

だが青年たちは、車の流れが一瞬途切れた隙をつき、路上へ一斉に飛びだしてしまう。いずれもふらふらと足が縺れ、左右に身体を傾がせながらの危なっかしい横断だった。それでもどうにか、ひとり目の青年が無事に道を渡りきり、続いてふたり目の青年もこちら側の歩道へたどり着く。ところが、いちばんうしろを走っていた三人目の青年が、もうすぐ道を渡りきろうとする時だった。

突然、横から猛スピードでやって来た車が、青年を撥ねた。

身体がぽんと宙を舞い、車の屋根を飛び越え、背後の路上へ落下する。

路面に身体を激しく叩きつけられた青年は仰向けの状態で倒れ、ぴくりとも動かない。

とっさに「救急車！」と思ったのだけれど、自分が呼ぶよりも、同伴していた仲間の青年たちが呼ぶのではないかと思い直した。慄《おのの》きつつも、彼らのほうへ視線を移す。いない。

つい今しがた、前方の歩道の端へ到着したはずの青年たちは、忽然《こつぜん》と姿を消していた。

すかさず周囲に視線を巡らせてみても、彼らの姿はどこにもなかった。

一体どこにいったのだろうと思い惑うさなか、またぞろ不審なことに気がついた。

青年を撥ねたはずの車も、現場に留まってはいなかった。

突発的に生じた事故の光景にショックを受けて、まったく意識していなかったのだが、よくよく記憶を思い返してみると、車は先ほど青年を撥ねてからもスピードを緩めず、そのまま現場を走り去っていったように思う。

だがいない。路上へ仰向けに倒れていたはずの青年も、いつのまにか姿を消していた。

背筋にじわじわと生じる悪寒に身を震わせながら、その場につかのま硬直していたが、どうにか気を取り直し、わななく脚で再び歩道を歩きだす。

そうして五分ほど歩いた頃だった。少し離れた前方から大きな人声が聞こえてきた。

視線を向けると、二十代前半頃とおぼしき青年が三人、道路越しの歩道沿いに並んで、国道を行き交う車の様子を見ながら、はしゃいだ声をあげている。

様子から察して彼らは道路を横断するため、タイミングを見計らっているようだった。

ぎくりとなって、思わずその場に立ち止まる。

道沿いに並び立つ街灯の薄明かりに照らされた青年たちの姿は、距離のせいもあって、仔細が朧《おぼろ》げだったが、先ほど事故を起こした青年たちと同一人物のように思える。

まさか、嘘でしょう……と訝るまにも、青年たちは車の往来が途切れたタイミングを見計らい、こちらへ向かって駆けだしてくる。

もつれるような足取りでひとり目とふたり目の青年が道路を渡り、もうすぐ三人目の青年がこちらへ渡り着こうとする時だった。

ふいに猛スピードでやって来た乗用車が青年を撥ね、その身が宙へ跳ねあがった。

先刻目の当たりにした光景と、それは寸分たがわず同じ光景だったが、今度は青年を撥ねたあと、車はすかさず急ブレーキを踏んで路上に停まった。

続いて、歩道の縁から事故の瞬間を目撃した青年たちから悲鳴があがる。

アスファルトの上へ仰向けになって倒れた青年に、仲間の青年たちが駆け寄っていく。

青年を撥ねた運転手も車から降り、蒼ざめながらそれに続いた。

まもなく野次馬たちも集まってきて、現場はたちまち騒然とした雰囲気になった。

柚さんもその場を微動だにすることができず、結局、青年が救急車に搬送されるまで狐につままれたような心境で、わなわなと総身を震わせながら立ち尽くすことになった。

どうして自分が先んじて、事故の様子を目撃してしまったのか。

理由は分からぬままだそうである。

ぱちくり！

美容師の赤堀《あかほり》さんは、中学時代にこんな体験をしたことがあるそうである。

休日の昼下がり、赤堀さんの家に上島《うえしま》君という友人が「すっげえもん見つけた！」と、興奮気味にやって来た。

訊けば、自宅の古いアルバムから心霊写真を見つけたのだという。

上島君は勿体ぶった調子で、赤堀さんの部屋のテーブルの上に一枚の写真を置いた。

見ると、小学校中学年ぐらいの小さな上島君が、どこかの街中とおぼしき背景を前にバストアップでピースサインをしている写真である。背後には大勢の通行人が行き交い、さらにそのうしろには、雑多な店が軒を連ねているのが見える。

顔を近づけ、端から順に隈《くま》なく写真の中を調べてみたのだが、「心霊」らしきものは見当たらず、ごくありふれたスナップ写真といった印象である。

「どこだ？」と首を傾げると、上島君は「ここだ」と言って写真の右上辺りを指差した。

彼の指先は、背後に並び立つ建物の壁を差している。白いペンキが塗られた壁面には黒くて小さな染みが三つ浮いていて、なんとなく人の顔のように見えなくもない。

だが、これは単なる染みである。断じて「心霊」のたぐいではなかった。

「バカじゃねえのか？」と言い放っても、上島君は「絶対、本物だって！」と譲らない。

「鬱陶《うっとう》しいな……」と思っているそばから、今度は「もっとしっかり見てみろよ！」と、写真を無理やり押しつけてきた。

仕方なくため息をつきながら受け取り、げんなりとした心地で再び写真を見つめる。

染みになど興味がなかったので、小さな上島君の背後を行き交う人物たちのほうへと視線を向けた。ひとりひとり眺めていくうち、高校生ぐらいとおぼしき可愛い女の子が、こちらに顔を向けて微笑んでいるのが目に止まる。

「いいね」と思って注視したとたん、写真の女が片目をぱちんと閉じてウィンクをした。

たちまち「うおっ！」と悲鳴があがり、写真をテーブルの上に放りだす。

「お前、これ本物だよ！」と上島君を怒鳴りつけ、女の子の顔を指差してみせたのだが、その後は待てど暮らせど、彼女は写真の中でぴくりとも動くことはなかったという。

禁魚を飼う

今から四十年近くも前にあった話だと聞いている。

ある日のこと、建設業を営む宮島《みやじま》さんの家に、知人の田辺《たなべ》さんが鉄魚《てつぎょ》を持ってきた。

鉄魚というのは、国の天然記念物に指定されている、宮城県加美郡魚取沼に生息する鮒《ふな》の突然変異種で、優雅にたなびく長い鰭《ひれ》を持つのが最大の特徴である。

当時、宮島さんの家のリビングには一二〇センチ規格の大型水槽を始め、大小様々なサイズの水槽群がずらりと設えてあった。

けれども前年の冬場、真夜中の停電が原因で長年大切に飼育してきた南米産の高価な大型魚を始め、可愛がっていた熱帯魚が全て、一夜の内に全滅してしまった。

以来、すっかり意欲を失くしてしまった宮島さんは、半年以上も水槽を空にしたまま放置していた。

「あんたなら、もちろん知っていると思うけど、こいつは天然物のえらく珍しい魚だよ。せっかく水槽も空いているんだし、いい機会だと思って飼ってみないかい？」

クーラーボックスの中で悠々と泳ぐ鉄魚たちを喜色満面の笑みを浮かべて見せながら、田辺さんは鉄魚の飼育を強く勧めた。

宮島さんと同じく、観賞魚の飼育を趣味とする彼の話によれば昨夜遅く、件の沼辺へ忍びこみ、水面に網を投じてわずかなうちに捕れるだけ分だけ捕ってきたのだという。

無論、完全な違法行為である。

「せっかくだけど、これはうちでは飼えないよ」

宮島さんは眉をひそめ、辞退を申し出たのだが、彼のほうは諦めなかった。

「素人目には、こいつらが天然物か養殖かなんて絶対に分からない。誰かに訊かれても、これは養殖物だと言い張ればいいんだ」

そんなことを捲したて、なおもしつこく食い下がる。

確かに鉄魚という魚は、金魚と鮒を人工交配させることによって、一代雑種ながらも一応は作出可能な魚であり、そのようにして殖やされた鉄魚たちが市場に合法的な形で流通してもいた。

田辺さんの語るとおり、素人の目には天然物と養殖物の違いなど分からないと思うし、もしもの際にも養殖物だと言いきれば、ばれることはないと思う。

宮島さんも根っからの魚好きである。

クーラーボックスをまじまじと覗きこめば、いぶし銀の魚体に見事に伸びた鰭をゆったりと漂わせながら泳ぐ鉄魚の姿が、宮島さんの手の届くすぐ目の前にあった。

田辺さんの熱烈な押しも手伝い、結局宮島さんは、リビングの大型水槽を半年ぶりに稼働させると二十尾ほどの鉄魚を譲り受け、飼育を始めることにした。

そうして鉄魚の飼育が始まり、二週間ほどが過ぎたある朝のことである。

それまで大きなトラブルが起きることもなく、順調に飼育を続けてきた鉄魚が一尾、水面に浮かんで死んでいるのが見つかった。

譲り受けた鉄魚たちはいずれも若魚だったため、寿命による自然死とは考えられない。確たる原因も分からないまま水槽内の一尾が死んでしまった場合、水質の悪化や病原菌、果ては飼育器具の不備など、目には見えないところで、実は最悪の事態が進行している場合もあるため、たかだか一尾の死と看過できないものがあった。

さっそく死因を特定すべく水槽内の点検を始めようとしたところへ、電話が鳴った。電話の主は、近所に暮らす親戚の女性からで、二ヶ月前に脳溢血《のういっけつ》で入院していた夫が、先ほど病院で息を引き取ったことを報せるものだった。

その後、水槽内を点検してみたが、特にこれといって不備が見つかることはなかった。それからさらにひと月後、宮島さんが仕事を終えて帰宅すると、またもや鉄魚が一尾、水面に浮かんで死んでいた。

その晩、遠方に住む叔母が、心不全で亡くなったとの報せが入る。

叔母の死から二週間後、出勤前に宮島さんが水槽を点検すると、またもや鉄魚が一尾、水底に横たわって死んでいるのが見つかった。

なんだか厭な胸騒ぎを覚えつつ、事切れた鉄魚の死骸を網で掬《すく》いあげているところへリビングの電話がけたたましく鳴ったので、思わず背筋がびくりと強張った。

電話を取った妻の不穏な言動や様子から察して、「ああ。また誰か死んだのだな」と確信めいた思いを抱く。

案の定、受話器を置いた妻の口から、つい今しがた、従兄弟《いとこ》の男性がくも膜下出血を起こして亡くなったことを知らされた。

そこから数日経った休日の朝には、二尾の鉄魚が死んでいた。

とてつもなく嫌な予感を覚えて時間を過ごしていると、昼過ぎになって電話が鳴った。

電話は弟の妻からで、一時間ほど前に弟と十二歳になる長男が交通事故に巻きこまれ、病院に緊急搬送されたとのことだった。ふたりとも、意識不明の重体だという。

すぐに病院へ駆けつけたのだけれど、ふたりはその日のうちに息を引き取った。

鉄魚が死ぬと、身内の誰かが死ぬ。

これでもう四回目なので、絶対に間違いなかろうと感じた。

いよいよもって恐ろしくなってきた宮島さんは、田辺さんに事情を伝えることにした。

ところが彼の家に電話をしても応答がない。数日掛け続けても、電話には出なかった。

田辺さんは、市街のマンションで独り暮らしをしている。もしかしたら実家のほうに行っているのかと思い、そちらにも連絡を入れてみたのだが、電話に出た彼の母親から、戻って来ていないと聞かされる。

彼の訃報を知ったのは、それからさらに一週間近くが過ぎた頃だった。

マンションの浴室で湯船に浸かりながら息絶えていたのだという。

あまりにも不可解な彼の死に、ますます気味が悪くなってくる。

田辺さんが亡くなったあとも、宮島さんの身辺では不幸が続いた。

やはり、訃報が入るその日には、鉄魚が一尾死んでいた。

一時は鉄魚たちを元の沼へ返そうかと考えたこともあるのだが、散々悩み抜いた末に結局やめてしまった。あまりにもリスクが高すぎるのではないかと感じたからである。

長らくの間、人工的な環境でぬくぬくと飼育された魚たちを元の沼へ返したところで、果たしてどれだけ長く生きられるものだろう？　過酷な自然の環境に今さら順応できず、返したところで、すぐに死んでしまうのではないだろうか。

仮にそうした形で鉄魚たちが死んだ場合にも、身内に不幸が起きてしまうのだろうか。もしもそうだとしたら、一気にどれだけの身内が死んでいくことになるのだろう。

そんなことに思いが至ると決心がつかず、鉄魚を手放す気にはなれなくなった。

代わりに宮島さんは、細心の注意を払って鉄魚の飼育を続けることにした。

とにかく一日でも長く、鉄魚たちが生き延びられるように飼育環境をさらに充実させ、体調管理を徹底しつつ、覚悟を決めて彼らの面倒を見ることにする。

当初は二十尾ほど譲り受けた、野生の禁じられた鉄魚たち。

その最後の一尾が息を引き取ったのは、それから五年余りの月日が過ぎた頃だった。同じ日には、数年前から前立腺癌《ぜんりつせんがん》で闘病していた宮島さんの父親も、入院中の病院で静かに息を引き取っている。

五年にわたる歳月のなか、次々と死んでいった鉄魚の数と同じく、宮島さんの身内もまったく同じ人数が亡くなっていった。

飼育にはかなりの手間と神経を費やしてきたはずなのだが、どれだけ丁重に扱っても鉄魚たちは、一定の間隔を置きながら死因も分からないままに落命していったという。

最後の鉄魚が息を引き取って以来、宮島さんはメダカの一尾すらも飼う気になれず、鉄魚を飼育していた水槽も、まもなく処分してしまったそうである。

小さながぶり

辻《つじ》さんが両脚の骨折で入院した時の話である。

夜更け過ぎ、ひとり部屋のベッドで眠っていると、布団の中に入れていた左の手首を突然何かに「がぶり！」と噛まれて目が覚めた。

ぎょっとなって布団の中で手首を振り払う。すると、布団の中で何やら小さなものが、がさがさと音をたてながら忙しなく動き始めた。

すかさず布団を捲りあげると、寝ている岩木さんの右脇腹の辺りに、着せ替え人形と同じくらいの背丈をした小さな看護師が四つん這いになって、こちらを見ていた。

辻さんが悲鳴をあげると、看護師はがさがさと四つん這いのままベッドから飛び降り、そのまま姿が見えなくなってしまった。

幻覚でも見たのかと思ったのだが、左の手首には小さな噛み跡がついていたという。

怪しきメモリーズ

入院から九日目。

生身の老人が喚き散らす繰り言を、魔性の者が発する声と勘違いして確認におもむく。斯様に恥ずべき大失態をやらかした、翌朝のことである。

午前中、回診に訪れた主治医に退院の目途について訊いてみた。

これまで入院から退院までに要した日数は、平均で一週間前後といったところだった。前回は殊更容態が悪かったせいで、退院まで二週間近くかかってしまったのだけれど、今回はどうなのだろうと思った。

質問の結果、主治医の答えは「もう少しだけ様子を見たい」とのことだった。

容態そのものは安定しているのだが、此度は前回の退院からいくらの間も置かずして再入院しているため、退院の判断に関して慎重にならざるを得ないのだという。

まいったなとは思いつつも、ぼやいたところで医者の考えが変わるわけでもなかった。大人しく言うことを聞いて、引き続き病室で原稿を書き進めることにする。

二月に病気が発覚して以来、やたらと昔のことを思いだすようになっていた。とはいえ別段、過去の思い出に縋《すが》りついて、今の辛い現実から目を背けるためだとか、そうした後ろ向きな気持ちで思いだしているわけではない。

前だろうが後ろだろうが、気持ちを向ける先など関係なく、特に何も意識しなくても、ふとした弾みに脳裏へ勝手に昔の記憶が蘇ってくるのである。

思いだされる内容についても、特別面白くもなければ、さして印象深いものでもなく、小さな頃に体験した他愛もない一幕やつまらないものが大半だった。

どうした加減があって、過去の些末な出来事が思い返されるのかは分からなかったが、そうした記憶の再生に誘発されて、昔自分が体験した怪異の記憶を思いだすこともある。それらも気が向けば、なるべく文章に整えるようにしていた。

幼い時分に体験した異様な思い出を書きしたためていると、さらに記憶が誘発されて、他人が昔体験したという怪異にまつわる話も思いだす。

そちらもそちらで琴線に触れるものは、できうる限り書きだすように努めていた。

おそらくどうでもいい話

題名どおり、おそらくどうでもいい話なのだと思う。

私が幼稚園に通っていた頃のことである。

ある日の休み時間、友人たちと三人でトイレに行くと、白いセーラー服を着た少女がトイレの中に立っていた。

歳は十五、六歳ぐらいだったのではないかと思う。彼女は豆腐とおぼしき白い物体を片手に持ち、むしゃむしゃ音をたてて食べながら私たちを見つめていた。

みんなで「豆腐ぅ！」と声をあげて驚くと、少女はたちまち残念そうな色を浮かべて「ふう」と息を漏らし、やはり豆腐らしき物を食べながら個室の中へと入っていった。

ドアを閉めるのかと思ったら、閉めない。

何をやっているんだろうと思って個室の前へ向かったところ、中には誰もいなかった。

おそらく幽霊だったのだと思うのだが、私たちは「少女が消えた」という事実よりも、彼女がトイレで豆腐を食っていたというシュールな画のほうが強く印象に残ってしまい、「豆腐だったよな?」と首を傾げ合ってしまった。馬鹿な子供たちである。

その後、再び少女を見かけることもなかったので、まもなく私たちは豆腐の件も含め、トイレで遭遇した「どうでもいい怪異」を忘れていってしまったのだと思う。

あれから四十年近く経った現在でもなお、ほとんど思いだす機会のない出来事なので、やはり私が今まで体験した怪異の中では、どうでもいい話なのだろうと思っている。

そっちかよ

こちらも幼稚園の頃の話である。確か、真冬の寒い時季のことだったと思う。

近所に暮らす友人の家へ遊びにいった帰り道、夕闇迫る長い田んぼ道を歩いていると、道の向こうから紺色の背広を着た、サラリーマン風の中年男がやってきた。

男は私に近づいてくるなり、少年みたいな笑みを浮かべて「競走すっぺ！」と言った。

ああ、この長い田んぼ道を駆けっこしたいのだなと思っているところへ、男は勝手に「よーいどーん！」と叫んで、田んぼ道ではなく田んぼのほうへ向かって走っていった。

しかも四つん這いの姿になって。まるで背広姿の大きな犬だった。

男は、稲刈りが終わって丸裸になった田んぼの上を物凄い速さで一直線に駆けてゆき、遠くの景色の中へあっというまに姿が見えなくなってしまった。

誰がやった？

小学五年生の時には、こんなことがあった。

ある時、家に誰もいなくて退屈していた私は、居間にあった妹の絵本を読み始めた。

ただ、この絵本も恐ろしく退屈な内容だったので、少しも暇潰しにはなってくれない。

仕方がないので、面白くしてやろうと思い、油性ペンで絵本に落書きを始めた。

動物園が舞台で、様々な動物たちが登場する絵本だったのだけれど、可愛く描かれた象やキリンの顔を『北斗の拳』風の濃い顔にリメイクしたり、無邪気に遊び合っているウサギやビーバーの頭上にふきだしを書いて、卑猥な台詞を喋らせたりした。

「いいねえ、面白くなってきた」と悦に入っていると、いきなりうしろから頭を平手で「すぱーん！」と引っぱたかれた。目から火花が散るほど凄まじい衝撃だった。

驚いて振り返ると誰の姿もなく、しんと静まり返った居間の様子があるだけだった。

追いかけて　其の一

昭和四十年代の中頃、専業主婦の沢子《さわこ》さんが、五歳の頃に体験した話である。

ある日、夕飯の支度を終えた母から、祖母を呼んできてほしいと頼まれた。

祖母は庭の畑にいるという。さっそく玄関を出て畑へと向かった。

だが、庭に祖母の姿は見当たらない。どこに行ったのだろうと思いながら家の門口を抜けると、夕闇迫る田舎道の遠くに祖母の後ろ姿が見えた。

大声で「祖母《ばあ》ちゃん！」と呼びかける。

けれども祖母は沢子さんの声に気づかなかったのか、やおらとぼとぼとした足取りで、田舎道のさらに遠くへ向かって歩きだした。再び呼びかけたのだけれど、やはり祖母はこちらを振り返ることなく、遠くへ向かって歩き続ける。

すぐに駆けだし、祖母のあとを追った。手を振りながら懸命に呼びかける。

駆け足で追う沢子さんと、のろのろと歩く祖母との距離は、どんどん縮まっていった。祖母のうしろまでだいぶ距離が迫ってきたところで、「こっち見て！」と大きく叫ぶ。

すると、ようやく祖母はこちらを振り返り、沢子さんの顔を見つめてにこりと笑った。思わずほっと安堵の息が漏れる。

だが、祖母は再び沢子さんに背を向けると、今度は早足ですたすたと歩き始めた。

「待って！」

慌てて祖母のあとを追いかける。祖母は、道の目の前に延びるなだらかな坂を下り、道の先に身体が半分消えていくところだった。沢子さんも坂の前まで駆け寄っていく。いない。

坂道を下っていたはずの祖母の姿が、どこにも見当たらなかった。

坂道の両脇には田んぼと畑しかなく、隠れる場所などどこにもない。

沢子さんはしばし呆然とその場に佇んでいたが、やがて踵を返して家へと戻った。

すると、祖母は庭の畑にいて、沢子さんに「おかえり」と笑いかけた。

驚きながら先ほどまでの出来事を話してみたのだけれど、祖母はしきりに首を傾げて、「ずっと畑にいたよ」と答えたそうである。

追いかけて　其の二

同じく沢子さんが、小学二年生の時に体験した話である。

放課後、友人とふたりで家の近くの堀に入って遊んでいると、ふいに友人が顔をあげ、「ねえ、あれ！」と弾んだ声をあげた。

沢子さんも顔をあげてみると、堀の上に延びる細い田舎道を、見慣れない服装をした人物がふたり、横並びになって歩いているのが目に入った。

ふたりとも上下真っ白な服を着て、お椀を逆さにしたような形をした大きな網代傘《あじろがさ》を深々と被っている。手には長い杖を持ち、首には真っ赤な色をした袈裟《けさ》を掛けていた。

どちらも中年から初老ぐらいの年恰好で、ひとりは男、もうひとりは女である。

「なんなの、あの人たち？」と尋ねると、友人は「お遍路《へんろ》さんじゃない？」と答えた。

お遍路さんと聞いて思いだした。テレビで何度か見たことがある。

しかし、本物のお遍路さんを見るのは初めてのことだった。どうしてこんなところを歩いているのだろうと思う。たちまち好奇心に駆られてしまった。

「行こう」と友人に声をかけ、ふたりの背後より少し離れた場所から堀の上へとあがる。ちょっとした悪戯心も手伝って、お遍路さんたちに気づかれないように距離を保ちつつ、忍び足で尾行を始めた。

笑いを押し殺しながら背後をひたひたついていくと、そのうちふたりのお遍路さんは、古びた民家の立ち並ぶ、細い路地へ向かって曲がり始めた。

沢子さんと友人も、急いであとを追いかけていく。

路地の中へ入ると、少し離れた道の先を並んで歩くお遍路さんたちの後ろ姿が見えた。息を潜めて追いかけ始めたところで、ふたりの姿が道の上からぱっと消えてしまう。

まるで、テレビの電源を切ったかのような消え方だった。

人気《ひと》のない路地にぽつんと残された沢子さんと友人は、狐につままれたような心境で、しばらくその場に呆然と立ち尽くしてしまったという。

跳ね返る

保育士の真壁《まかべ》さんがその昔、田舎の実家に暮らしていた頃の話である。

彼が小学四年生の時だった。ある晩、夜中に尿意を覚えて目を覚ました。

自室を抜けだし、家の玄関口に面した廊下を渡ってトイレへ向かう。

時刻は深夜二時半過ぎ。戸外は水を打ったようにしんと静まり返っている。

用を足し終え、廊下を引き返していると、目の前の玄関戸ががらりと開いた。

見れば、闇夜に染まった玄関口の向こうから、真っ白い着物を着た真壁さんの母親が中へと入ってくるところだった。

母は頭に白い鉢巻を締め、額の両側に小さな炎が燃える蝋燭を一対、突き立てている。

加えて右手には大きな金梃子《かなてこ》、左手には束にした五寸釘を握り締めている。

その支度はどう見ても、丑の刻参りをおこなう人間の姿にしか見えなかった。

真壁さんが唖然となってその場に固まってしまうと、母もこちらの存在に気がついて、はっとした表情を浮かべた。それに続いて、今まで誰の目にも見せたことのないような、悪鬼のごとき凄まじい形相へと切り替わる。

履いていた下駄を玄関口へ荒っぽく脱ぎ捨てるなり、母は廊下の上に立つ真壁さんにずかずかと歩み寄って来て、がしりと両肩を掴んだ。

「寝なさい。絶対に言っちゃ駄目だからね」

真壁さんの目をまっすぐに見つけ、猛獣の唸り声を思わせるドスの利いた低い声音でつぶやくと、母は踵を返して自分の寝室のほうへと消えていった。

翌朝、母は寝室に敷かれた布団の中で息を引き取っていた。

死因は心不全とのことだったが、母の遺体は両目をかっと剥きだし、口元には大量の泡を噴いた形跡があった。おそらく悶え苦しみながら死んだのだろう。

昨晩、異様な姿を見られたことで、我が身に呪いが返ってきたのではないかと思った。

母は一体、誰を呪って帰ってきたのか。

相手は結局、分からずじまいだったそうである。

遊びたかったの

歯科衛生士の美代《みよ》さんが、小学二年生の時に体験した話だという。

正月に美代さんは祖父とふたりで、隣町にある親戚の家に年始の挨拶へ出かけた。

お年玉をもらったり、美味しいお節料理をご馳走してもらったりして、初めのうちは楽しかったのだけれど、親戚宅にいるのは大人ばかりだったので、しだいに飽きてきた。

祖父と親類たちが談笑する居間を抜けだし、ひとりで家の中を探検することにする。

広々とした家の廊下を歩いていくと、廊下の先に見える古びた引き戸がすっと開いて、中から赤い着物姿の女の子が半身を突きだした。自分と同じぐらいの年頃の娘である。

「遊ぼうよっ！」

美代さんと目が合うなり、女の子は懐こい笑みを浮かべながら手招きをしてきた。

美代さんも「うん！」と応えて、女の子のほうへ駆け寄っていく。

誘われるがままに部屋へ入ると、中は三畳ほどの小さな部屋だった。

壁際には古びた箪笥《たんす》や棚が置かれてあって、棚の中には古びた絵本や玩具のたぐいが、ひしめくように詰めこまれている。空気は少し黴《かび》臭く、物置みたいな雰囲気である。

「踊ろうよっ！」と女の子が、美代さんに向かって両手を差しだしたので、美代さんも彼女の手を取って躍ることにした。

狭い部屋のまんなかで両手を取り合い、笑みを浮かべてくるくると回る。

ただそれだけのことなのだけれど、なんだか妙に楽しくて、くるくると回り続けた。女の子も奇声をあげて喜ぶので、美代さんも「わああ！」と声をあげて笑い始めた。

そうして笑いながらくるくる回っていると、ふいに部屋の戸が開いた。

戸口には、親類の伯母さんが不審な顔をして立っている。

「何してるの？」と尋ねられたので、「遊んでたの」と応えた。

すると今度は「誰と？」と尋ねられる。

美代さんが両手に握っていたのは、赤い着物姿の市松人形だった。

「うわっ！」と悲鳴をあげて、人形を床の上へと放り投げる。

人形はその昔、この家で亡くなった幼い娘が、生前大事にしていたものだったという。

火だるま乙女　陰

「でも本当に心から誓って、私に他意はなかったはずなんです……」

今から五年ほど前、私が東京へ出張相談へ出かけた時のことだった。

都内で自営業を営む、白城《しらき》さんという五十代の男性から打ち明けられた話である。

それなりに頁を費やす長い話になってしまうし、内容もひどく忌まわしいものなので、私はこれまで長らくの間、この話を公にすることをためらっていた。

だが、ここ最近になっていろいろと思うところがあり、そろそろ文章の形に話を整え、その全容を世に公表すべきではないかという心境に至った。

無論、当事者である白城さんには事前に了解を得ている。

前述したとおり、それなりに長くて、なおかつかなり陰惨な話になってしまうのだが、それでもお付き合いしてもらえる方だけ、お読みいただければ幸いである。

白城さんは元々、東北のとある田舎町の出身だった。

地元の周囲はなだらかな稜線を描く山々に囲まれ、広々とした田園風景の中に人家がまばらに点在する、東北の田舎町ではよくある風景の中で彼は生まれ育った。

家族は土建業をしている父と、紡績工場で働く母、そして白城さんの三人。

両親はふたりとも東京出身で、二十代の前半にこの町へ移り住み、山の裾野に広がる小さな集落に立つ、古びた木造の一軒家を買い求めて暮らしていた。

ふたりは駆け落ちの末に結婚していたため、連絡の取れる親類縁者は誰もいなかった。けれども家族仲はすこぶる良好だったし、白城さん自身は生まれた時から斯様な環境が当たり前だったため、余計な不安や寂しさを感じることはなかった。

彼が小学生だった昭和五十年代の初め頃は、いわゆるオカルトブームが最盛期の頃で、テレビでは盛んにその手の番組が放送されていた。

ユリ・ゲラーのスプーン曲げや、ノストラダムスの大予言。心霊写真にこっくりさん。他にもネス湖のネッシーやヒマラヤの雪男、ＵＦＯの目撃談といった、怪しげながらも好奇心をくすぐるコンテンツが、世間を賑わせていた時代である。

幼い頃からどちらかというと身体が弱く、あまり活発な性分でもなかった白城さんは、外で元気に遊ぶより、家の中でテレビを観たり、本を読んだりするのが好きな子だった。

とりわけ彼が興味を惹かれていたのはオカルト全般に関するもので、そうした番組は新聞の番組欄を欠かさず調べて観るようにしていたし、母にねだって買ってもらう本も心霊写真やお化けの絵が表紙を飾る、おどろおどろしいものばかりだった。

嗜《たしな》むものは陰気な分野であっても、白城さん自身の性格までが暗かったわけではない。どちらかというと人懐こくて明るい性格の子供だった。

体力に乏しく、運動が得意でなかった代わりに同年代の子供たちと比べて口も達者で、人を話で惹きこむ才能にも長けていた。

こうした気質と素養に加え、当時大流行していたオカルト全般に関する幅広い知識を持っていた彼は、学校で「オカルト博士」と呼ばれ、周囲の子供たちから好かれていた。

休み時間や放課後になると、新しく仕入れたオカルト情報や怖い話をせっつかれたり、こっくりさんを実践する際の指導役を頼まれたりと、何かにつけて活躍の場も多い。

雰囲気こそは異様で禍々《まがまが》しくも、その実、明るく充実した毎日を過ごしていた。

そんな白城さんが、小学四年生の時のことである。

二学期が始まってひと月ほど経った九月の終わり頃、休日の昼間に仲のよい同級生の友人たち三人と、自転車で隣町へ出かけることになった。

目的はプラモデルの購入。数日前、隣町にある大きな文房具店に大量の新作プラモが入荷したという情報を友人のひとりが聞きつけ、買いにいこうという話になった。

文房具店までの道程は、基本的に地元と隣町を結ぶ国道をまっすぐ進んでいくだけの単調なものだったのだが、自転車でも片道三時間を要する距離があった。

体力に自信のない白城さんは少し気おくれしたのだけれど、新しいプラモを手にする魅力には逆らえず、みんなに同行することにした。

文房具店に到着したのは、午後の三時頃。息があがってそれなりに疲れはしたものの、心配していたよりはバテずに済んだ。この分なら帰りも大丈夫そうだと安心する。

ところが、体力の代わりに予期せぬ別の問題が発生してしまう。

店の商品棚に並ぶ新作プラモに目移りして迷っているうちに時間が大きく過ぎていき、ようやく買い物を終えて店を出た頃には、すでに午後の四時を過ぎる時間になっていた。

今から急いで家路をたどっても、地元に帰り着く頃には完全に日が暮れ落ちてしまう。

「まいったな、どうしよう」などとみんなで話し合っているところへ、友人のひとりが「だったら近道していかないか?」と言いだした。

彼の話によれば、文房具店の裏手に延びる道路を進んでいくと、まもなく道の両脇を雑木林に挟まれた狭い砂利道が見えてくる。

さらにその砂利道を抜けた先には、見渡す限りの田園風景が広がっているのだけれど、この田園風景の向こうにあるのが、自分たちの地元なのだという。

田んぼの中に延びる畦道《あぜみち》をぐんぐん突っ切っていけば、おそらく二時間ほどで地元へ帰還することができるだろうと友人は言う。およそ一時間の短縮である。

大層魅力的な情報だったのだけれど、ひとつだけ問題があった。

近道を提案した彼自身も、実際にこの道筋を経て地元に帰ったことはないのだという。父親からの受け売りで、なんとなく道のりを知っているだけに過ぎないとのことだった。

「それでも試してみるか?」と、友人は白城さんたちに問う。

どうしたものかと、みんなで首を捻ったものの、悩んでいるうちにも日暮れの時間はどんどん近づいてくる。遅い時間に帰宅すれば親からこっ酷く叱りつけられるだろうし、早めに帰って、買ったばかりのプラモも作りたかった。

結局、多少の不安を抱きつつも、友人の提案に乗ることにする。

他の友人たちも全員賛成だったので、さっそく出発することにした。

文房具店の裏手に延びる舗装道路を十分ほど進んでいくと、友人が話していたとおり、道の両脇を鬱蒼と生い茂る雑木林に挟まれた、狭い砂利道が見えてきた。

砂利道をまっすぐ進んで雑木林を抜けた向こうには、鮮やかな黄金色に輝く田んぼがどこまでも延々と広がる田園風景が、視界一面に開けて見えた。

遠くのほうへ視線を向けてみると、幸いにも地元に聳える山々の稜線が小さく見えた。目印にして進んでいけば、大きく迷うことはないだろうと安心する。

田んぼの中に作られた畦道は、道筋こそまっすぐだったが未舗装のうえに道幅も狭く、自転車が二台並んで走るのがようやくといったところである。

おまけに国道と違って周囲に街灯もほとんどない。そろそろ日も陰り始めていたので、気をつけながらもそれなりに急がなければならないと思った。

だが、急いで帰ろうにも畦道はでこぼこしていて走りづらく、少し運転を間違えると田んぼに落ちてしまいそうな危うさもあった。自ずとペダルを漕ぐ足はゆっくりとなり、とろとろとした速度で畦道を進んでいくことになる。

ただ、それでも前方に見える地元の山々との距離は、少しずつだが狭まっていくのが確認できたし、国道を使って家路をたどるよりは早めに帰宅できそうだと思った。

初めのうちはみんなで焦っていたものの、状況が呑みこめてくると緊張感も薄まって、のんびりした心地で自転車を走らせるようになっていく。

唯一、辺りが暗くなることだけは少し心配だったけれど、それでも白城さんとしては、無理に急いで体力を使い果たすより、ゆっくり走れることのほうがありがたかった。

そうしてしばらく畦道を走り続け、しだいに辺りも薄暗くなってきた頃である。

畦道の左に面した田んぼの向こうに、周囲を瓦塀で囲まれた立派な屋敷が見えてきた。

屋敷は正面から見て横に長い造りをしており、二階建てで壁は白塗り。屋根の上には黒々と光る瓦が葺《ふ》かれている。

田舎の民家というのは敷地の広さもあって、それなりに大きな構えの家が多いのだが、田んぼの向こうに見える屋敷はその大きさに加え、古びた城を思わせる物々しい風格と、そこはかとなく部外者を拒絶するかのような威圧の色も感じられた。

屋敷は田んぼの只中に悠然とした構えで立っており、周囲に他の人家は一軒たりとも見当たらない。まるで黄金色の海の上に浮かぶ城のような雰囲気である。

得体の知れない屋敷の様子に目を奪われながら自転車を走らせていると、友人たちも白城さんの視線に気づいて「すげえ家だなあ」と言いだした。

「でもなんか怖くねえ？　お化けが出そうな感じの家に見えるんだけど」

友人のひとりが眉をひそめながらそんなことを言いだすと、まもなくみんなが一斉に白城さんのほうへと視線を向けた。

「オカルト博士！　ああいう屋敷には、一体どんな霊が出るものなのでしょうか？」

友人のひとりが冗談めかして尋ねてきたが、その目は興味津々といった様子だった。他の友人たちも白城さんの解説が始まるのをわくわくしたそぶりで待っている。

こうなればオカルト博士として、みんなの期待に応えないわけにはいかなかった。

「ううん、そうですねえ……。あのような古い屋敷には、業の深い歴史が付きものです。恐ろしく強力な霊が住み着いていることでしょう」

屋敷を睨むように見つめながら、おどろおどろしい声で解説を始める。

「強力な霊ですか！　それって具体的には、どういった背景を持つ霊なのでしょう？」

「本当に聞きたいのですか？　後悔しても知りませんよ……」

友人の問いかけにますます声に凄みを利かせ、厳《いか》めしい口調で応じる。

とはいえ、答えを決めていたわけではない。そもそも件の怪しげな屋敷に強力な霊が住み着いているというのも単なる作り話である。具体的に何が住み着いているのかなど、まったく考えていなかった。

さて、なんと答えたらいちばん怖いだろうかと考え始めてまもなく、脳裏にはたりと妙案が浮かんでくる。

「あの屋敷には、全身火だるまになった女の悪霊が出るのです」

「ひ、火だるまですか？」

「そうなのです。身体じゅうからオレンジ色の炎を燃え盛らせた、うら若き乙女の霊が、夜な夜な屋敷の中に現れては家人たちを祟り、訪れた来客たちに襲いかかるのです」

白城さんの答えた霊の姿が、よほど意外なものだったのだろう。いずれの友人たちも「うおお！」と驚きの声を張りあげ、大仰に顔をしかめてみせた。

少し前に買った心霊関係の本の中に、引越してきた住人たちを次々と火だるまにして焼き殺してしまうという、呪われた外国の屋敷に関する話が載っていた。

話の内容自体も興味深かったのだけれど、白城さんはそれ以上に「火だるま」という言葉がなぜだか妙に恐ろしく感じられ、強く印象に残っていた。

ためしに実在しない悪霊へ枕詞《まくらことば》のように使ってみたところ、友人たちの反応も上々でやはり自分の抱いた印象は、間違いではなかったのだと確信する。

「その昔、あの屋敷では、許されぬ恋をしたうら若きひとり娘が、苦悩と絶望の果てに自らの身体へ火を放ち、地獄の苦しみにのたうちながら非業の死を遂げているのです！　それ以来、彼女の恋を許さなかった両親や一族らの前に、彼女は全身火だるまとなった世にも恐ろしい姿で現れ、大いなる災いをもたらしたと伝えられています……」

調子に乗って、さらに即興で適当な作り話をでっちあげると、友人たちも白城さんの調子に合わせてますます大げさに怖がり、楽しい雰囲気になってきた。

「話はそれだけに収まりません。火だるま乙女の恐るべき祟りは今もなお、あの屋敷で細々と生き残る一族たちに降りかかっていると言われています……」

夕闇の向こうに見える大きな屋敷を哀れみに満ちた眼差しで見つめながら話を結ぶと、本当にそんな話があるような気になってくる。やはり「火だるま」という言葉を使って正解だったと思ったし、我ながらよくできた話を作れたと悦に入った。

その後も友人たちに引き続きせがまれ、テレビや本で知った様々な怪奇現象の解説や怖い話を披露しながら畦道を進んだ。

すっかり話に夢中になってしまい、気づかぬうちにだらだらしすぎていたせいもあり、ようやく地元に帰り着いたのは結局、夜の七時を回る頃だった。

家に帰ると両親からはきつく叱られ、身体もへとへとだったけれど、それでも楽しい休日を過ごせたことに白城さんは満足だった。


それから少し日にちが経った、十月上旬のことである。

学校が終わった土曜の午後、白城さんは友人の家へ泊まりに出かけることになった。

先日、一緒にプラモを買いに行った子の家で、親が新しいテレビを買ったのだという。

折しもこの日は夜の七時から、テレビでオカルトの特番が放送される日だった。それを最新型のテレビで一緒に観ようということだった。

白城さんの他にもやはり先日、一緒にプラモを買いに行った友人たちも招かれていた。

招いてくれた友人の家族も合わせると、総勢十名近いメンバーで番組を観ることになる。

そんな大人数で大好きな番組を観るのは初めてのことだったので、想像しただけでも胸がわくわくと高鳴った。オカルト博士の血も騒ぎ、番組を楽しみながら自前の知識をたっぷり披露するぞと意気込む。

午後の三時頃、家の自室で身支度を整えているところへ、台所から母の呼ぶ声がした。行ってみると、母は風呂敷に包んだ重箱をよこした。稲荷寿司が入っているのだという。

「ちゃんとお行儀よくしなさいね。気をつけていってらっしゃい」

笑顔で見送る母に「うん」と答え、玄関を出る。

友人の家は、白木さんの自宅から自転車で十分ほどの距離にある、山の裾野にあった。家族は両親と祖父母、そして友人の五人である。

白城さんが着いた時には、すでに他の友人たちも集まっていた。みんなでトランプやボードゲームに興じていると、時間はあっというまに過ぎてゆく。

晩方には友人の両親も帰宅して、夕餉の支度が始まった。

母に渡された風呂敷包みをほどくと、重箱の中には三十個近い稲荷寿司が入っていた。たくさんの稲荷寿司に友人の母はとても喜んで、「今夜はご飯を炊かずにお稲荷さんをいただきましょう」ということになった。

そしてとうとう、待ちに待った夜の七時、特番の始まる時間がやってくる。

茶の間に友人の家族一同、白城さんと他の友人たちが集まり、食事の席を囲みながら最新型の大きなテレビで番組を観始めた。

内容はネッシーやツチノコといった未確認生物たちの最新情報を始め、スプーン曲げ、ＥＳＰカードを使った透視実験といった超能力コーナー、そして視聴者から寄せられた恐怖体験を元にした再現ドラマに心霊写真の紹介と、バラエティーに富んだものだった。それらをみんなで驚いたり竦《すく》みあがったりしながら、楽しく観た。

視聴中に友人たちから内容について質問を向けられると、待ってましたと目を輝かせ、饒舌《じょうぜつ》な語り口で滔々《とうとう》と解説を繰り広げていく。

友人たちが感心するのはもちろん、友人の両親と祖父母からも「物知りだねえ！」と褒めてもらい、すこぶる気分がよかった。

楽しいひと時は、過ぎ去るのが早い。解説をしながら夢中になって番組を観ていると、二時間枠の特番はあれよあれよというちに終わってしまう。

番組終了後も白城さんたちの興奮は醒めやらず、今度は友人の部屋に敷いてもらった布団の中で番組の感想を述べ合った。そうした流れのなかで白城さんはお約束のごとく、またぞろ怖い話をせがまれたので、番組で紹介された恐怖体験よりもはるかに恐ろしい、とっておきの怪談話をたくさん披露した。

怖くて愉快な二次会は、電気を消した部屋の中で夜更け近くまで続けられた。

それからしばらく経った、夜のだいぶ遅い時間のことである。
白城さんは、恐ろしい夢を見た。
夢の中で白城さんは、どことも知れない真っ暗な場所を歩いている。
辺りをどれだけ見回しても墨で塗り固めたような黒一色で、目に映るものは何もない。
自分の足元さえもまるで見えず、道の上を歩いているのか、床の上を歩いているのか、
それすらも判然としなかった。
おろおろしながら手探りで漆黒の中を歩き続けていると、ふいに背後で「ぼわり」と
鈍い音がした。振り向いた視界の先には、橙色に燃え盛る大きな火柱が揺らめいている。
暗闇の中に灯った炎の明るさにほっとして近づいていくと、火柱のほうもめらめらと
輪郭を揺らがせながら、こちらへ向かって歩いてきた。
ぎょっとなって目を凝らすなり、それがただの火柱ではなく、橙色に燃え盛る火炎に
全身を包まれた、真っ黒焦げの女だと分かる。
すかさず踵を返し、悲鳴をあげて駆けだすと、女のほうも駆け足になって追ってきた。
黒一色の闇の中で白城さんは、得体の知れない全身火だるまの女に追われ続ける。

凄まじい恐怖に駆られて目覚めるなり、今度は喧《やかま》しいサイレンの音が耳をつんざき、意識が夢から現実へ一気に引き戻されてしまう。

布団から上体を起こすと友人たちも全員目を覚まし、カーテンの閉めきられた部屋の窓辺を見つめていた。

「火事だよな？」

隣で寝ていた友人が、窓辺を見つめながら言う。

サイレンは、戸外のさして遠からぬ距離を走る消防車が発するものだった。

サイレンの他にも、火事を知らせる甲高い半鐘の音がひっきりなしに鳴っている。

友人のひとりがカーテンを開けると、暗闇に包まれた戸外の遠くで、橙色に燃え盛る大きな炎がありありと見えた。

火の手があがっているのは、白城さんの自宅がある方角だった。

というより、自宅が立っている場所だった。

信じたくなどなかったけれど、暗闇の中に燃え立つ炎を見れば見るほど胸がざわめき、気息が激しく乱れていった。

火が完全に消し止められたのは、二時間近く経った、ほとんど夜明けの迫る頃だった。

燃えたのはやはり、白城さんの家だった。

焼け跡からは、両親の遺体が発見された。死因はふたりとも焼死とのことだった。

火元はふたりが眠る寝室からと断定されたが、出火の原因は不明だった。

一時は放火の可能性も浮上したのだけれど、証拠が出ないためか、ほどなく霧散した。

心中についても考えられたが、父にも母にも自ら死を選ぶ動機など何もないはずだった。

よってこの可能性も、時置かずして立ち消えた。

多分に謎めいた白城家の火事は、地元の一大ニュースとなって様々な噂が囁かれたが、ついぞ真相が明らかになることはなかった。

予期せぬ惨禍と不幸にすっかり打ちひしがれてしまった白城さんは、火事のあとからおよそ一週間余りを地元の児童保護施設で過ごし、その後、事情を知らされて東京からやって来た父方の祖父母に引き取られていった。

その間、白城さんの頭の中で何度も繰り返し思いだされたのは、最後に母と交わした何気ない言葉のやりとりと、母が気を利かせて持たせてくれた稲荷寿司のことだった。

もう母と話すこともできず、母が作る料理を食べられないのかと思うと涙が止まらず、心が千々に乱れて堪らなくなった。

父のことも同じくらい思いだした。朴訥《ぼくとつ》とした気質だったが、とても優しい人だった。家族三人で作った、数えきれないほどたくさんの思い出が脳裏にまざまざと蘇るたび、ささやかながらも幸せだった毎日に戻りたいと、しゃにむに願い続けては咽《むせ》び泣いた。

父方の祖父母に引き取られた白城さんは、それから都内の街場で暮らすようになった。生まれてこのかた、名前も知らず、顔すら一度も見たことのなかった祖父母だったが、ふたりは白城さんにとても優しく接してくれた。

東北の寂れた田舎町と比べ、都会の暮らしは華やかで何をするにも便利だったけれど、さして気分が弾むことはなかった。それよりも、小さな頃から仲のよかった友人たちと離れ離れになってしまったことのほうが辛かった。

新しく通うようになった小学校でも、子供たちは超常現象や怪談話のたぐいに夢中で、そうした話題が休み時間や放課後になると、教室の方々から聞こえてくる。白城さんも話に誘われたが、以前のようには楽しめなくなってしまった。

オカルトにまつわる諸々に関わると、両親が火事で焼け死んだ晩の情景が記憶に蘇り、気持ちが暗く沈んでしまう。だから必死に堪えて上辺だけ合わせるようにしていた。それに加えてもうひとつ、気持ちの悪いことも思いだしてしまうから嫌だった。

あの晩、自宅が燃えるさなかに自分が見ていた夢である。

何も見えない暗闇の中、全身が火だるまになった女に追いかけられる悪夢を見たのは、単なる偶然だったのだろうか。それとも虫の知らせのようなものだったのだろうか。

あるいはもっと、別の意味を持つ何かだったのか。

「全身火だるまの女」というイメージは、隣町へ出かけた帰り道、田園風景の中に立つ不気味な屋敷を見た時に己の想像力が作りだしたものである。

出自は自分自身の頭の中。だから何かの弾みで夢に出てくるだけなら、道理としては別段おかしなことはない。気味が悪いと思うのは、自分がそんな夢を見ているさなかに自宅が燃えていたということだった。

火だるま女が実在する者であれば、祟りで家が燃やされたという解釈もできるのだが、あれは己の空想の産物に過ぎないし、件の屋敷に関する因縁話も全部でっちあげである。ゆえに祟りなど起こり得るはずもない。

けれども火だるま女の夢を見て、自宅が焼けたことは事実である。

互いの事象を結び合わせても、道理は通らない。やはり偶然か、虫の知らせだったと見做したほうがむしろ、理に適うだろうとも思う。

だが、なぜかどうしても腑に落ちず、あの夜に起きたふたつの出来事を思いだすたび、背筋がぞくりとなって得体の知れないおぞましさを感じてしまうのだった。

こうした事情もあったことから、以前は大好きだったオカルトの世界から白城さんは、距離をおくようになる。

口数もめっきり減って、惨事の起きた夜のこともできうる限り思いださないようにと、彼は必死で記憶を閉ざすようになっていった。

火だるま乙女　陽

それから十年余りの月日が流れた、昭和六十年代の初め。

白城さんは、大学を卒業して都内の会社に就職したのを機に、それまで世話になった祖父母の許を離れ、会社が管理する独身寮で独り暮らしを始めていた。

入社から三年ほどが経ち、白城さんが二十代半ばに差し掛かった年のことである。

四月に入社した静香《しずか》さんという名の女性が、白城さんと同じ部署に配属された。

彼女は白城さんよりも三歳年下。愛嬌のある顔立ちにはきはきとした口調が印象的な明るい人柄で、とても好ましい雰囲気の女性だった。

けれども一緒に仕事をするようになって、一週間ほどが過ぎた夜のことである。

部内で催された歓迎会の席にて、静香さんが改めて自己紹介を交えた挨拶を始めた時、白城さんは彼女の口から出た言葉にはっと息を呑んでしまう。

静香さんの出身地は、白城さんがかつて暮らしていた東北の同じ県だった。

しかも彼女の実家は、友人たちとプラモを買いに行った、あの隣町にあるのだという。

郷里を離れて以来、なるべく思いださないように努めていた過去の忌まわしい記憶が、脳裏にまざまざと蘇る。

彼女は地元の高校を卒業後、上京して都内の大学に通っていた。

当初は卒業したら郷里へ帰る予定だったのだけれど、都会暮らしを続けていくうちにこちらで自分の力を試してみたくなり、都内へ残ることにしたのだという。

その志は構わないと思う。たとえ出身地がどこであろうと、彼女個人になんらの非があるわけでもない。頭では理解しているつもりだった。

だが、それでも彼女を見る目は変わってしまう。

祖父母に引き取られて以来、白城さんは一度も郷里に帰ることはなかった。

向こうには誰も身内がいないこともあったし、亡くなった両親の遺骨は、都内にある白城家の墓へ入ったため、わざわざ足を向ける理由がなかったのである。

かつての地元に対する未練よりも、悲惨な記憶のほうが色濃く残る白城さんにとって、戻るべき理由がないというのは、むしろありがたいことだった。

祖父母もあえて話題にだすこともなかったため、両親が火事に焼かれて命を落としたあの土地は、白城さんの記憶の暗所に煙る朧な風景となっていた。

けれどもそうした薄暗く濁った風景が、彼女の顔を見ていると一気に輪郭を際立たせ、脳裏にありありと浮かびあがってきてしまう。

彼女に罪はないと分かっていても、今後はなるべく距離を置いて付き合おうと考えた。

ところが白城さんの思いとは裏腹に、そんな事情など知る由《よし》もない静香さんのほうは、それからちょこちょこと彼に声をかけるようになってきた。

仕事に関する用件だけに留まらず、休憩時間や昼休みの際にも何かと口実を作ってはそばにやって来て、あれやこれやと取り留めのないことを話しかけてくる。

白城さんが同郷出身だと知ると、彼女はますます懐こくなって、白城さんとの距離を狭めるようになってきた。

初めのうちは戸惑ってぶっきらぼうに振る舞っていたものの、長くは続かなかった。

元々、彼女に対する印象はすこぶるよくて、とても素敵な人だと感じていたのである。

できれば記憶の底に沈めておきたい、彼女の出身地に関する事情さえ意識しなければ、自分には勿体ないほど魅力的な女性だった。

ほどなく白城さんは決意する。少年時代に昔の郷里で起きた両親の死にまつわる話を、静香さんに思いきって打ち明けることにした。

白城さんの語る重い告白を静香さんは疎むことなく、真摯な態度で聞いてくれた。

そして、ようやくの思いで全てを語り終えると、彼女は「今まで本当にごめんなさい。わたしのせいで辛いことを思いださせていたんだね」と、涙ながらに頭をさげた。

その優しく素直な心根に自分のほうこそ申しわけないと思うと同時に、彼女に対して堪らなく愛おしい気持ちも湧いてくる。

互いに本音で語り合ったこの日の告白を機に、ふたりは親しい間柄になっていった。


それから二年余りの月日が経ち、結婚に関する話題が出始めてきた頃のことである。

季節が初夏に差し掛かったある日のこと、郷里に暮らす静香さんの母親が亡くなった。脳梗塞による突然死とのことだった。

彼女の実家は、役場勤めをしている父と母のふたり暮らしと聞いている。静香さんはひとり娘で、他に兄弟はいない。男やもめになってしまった父の今後が気がかりなので、静香さんは会社を辞め、故郷に帰るつもりだという。

どうしたものかと大いに悩んだものの、彼女と離れたくない気持ちのほうが勝った。

白城さんは静香さんに結婚を申し出て、郷里の実家で一緒に暮らすことにした。

静香さんは母親の四十九日を迎える間際に会社を辞め、白城さんも彼女の父に結婚の承諾をもらうため、静香さんとふたりで四十九日法要に参列することになる。

朝一番で都内を出発し、新幹線と在来線を乗り継ぎつつ、正午近くに郷里の無人駅へ到着すると、彼女の父が駅まで車で迎えに来てくれた。

静香さんから事前に電話で「会わせたい人がいる」と伝えていたため、すでに事情は把握しているのだろう。丁重に挨拶をした白城さんに対し、向こうも畏《かしこ》まったそぶりで「娘が世話になっています」と、穏やかな笑みを浮かべてくれた。

駅前から望む風景は、青々とした稲穂が夏風にそよぐ、見渡す限りの田園地帯である。

田んぼの方々には古びた民家が軒を連ねてひしめく、小さな集落がいくつも見える。

およそ十五年ぶりに見る、懐かしい田舎の景色だった。過去の陰惨な記憶がつかのま脳裏を掠め、胸が少し疼いたものの、そこからさらに気分が落ちこむことはなかった。

実際、こうして現地に足をおろすまで、そことはかとない不安を抱いてはいたのだが、この分ならどうにか今後、この土地で健やかに暮らしていくことができそうだと思った。

実家は、駅から車で十分ほどの距離にあるのだという。静香さんの父が運転する車で駅前の寂れた小道を抜け、田園地帯の中に延びる農道を進んでいく。

その道中、静香さんの父は、親しげな調子でしきりに声をかけてきてくれた。

どうやら白城さんのことを、それなりには気に入ってくれたようで安堵する。

静香さんも大いに喜んで、「自慢の彼なの」などと白城さんのことを持ちあげた。

巨大な入道雲が浮かぶ青空と、鮮やかな緑に染まる田んぼの様子を車窓から眺めつつ、田んぼの中を五キロ近く走った頃のことである。

車内で談笑を繰り広げるさなか、助手席側の視界の先に現れたものを目にしたとたん、たちまち背筋がぞっと凍りつく。

黒々とした瓦屋根が光る、二階建ての大きな屋敷。

壁は白塗りで、正面から見て横に長い造りをしており、周囲は瓦塀で囲まれている。

近くに他の人家は見当たらず、青々とした田園の只中に、浮かぶがごとく一軒だけ。

そんな構えをした屋敷が、道端に広がる田んぼの先に悠然とした様子で立っていた。

絶対に間違いない。ひと目見るなり、少年時代に隣町へプラモを買いに行った帰り足、夕闇迫る畦道の中から目撃した、あの火だるま女の屋敷だと分かった。

火事のことは静香さんに話していたが、火事の晩に見た悪夢の件と、屋敷にまつわる作り話のことは一切伝えていない。今さら話す気にもなれなかった。

屋敷が視界の中に見えていると、勝手に顔が強張ってしまいそうな危惧を覚えたのですかさず目を背け、素知らぬそぶりで会話に戻る。

頭の中ではその昔、屋敷を見ながら即興で作りあげた、稚拙ながらも陰惨極まりない火だるま女の物語が何度も勝手に反復されたが、必死になって記憶を閉じるように努め、静香さんの父と談笑を続けた。

ところがそれからまもなく、実家に到着すると再び不穏な気分に陥ってしまう。

静香さんの実家は、田園地帯の片隅に広がる小さな集落の中にあった。

家の前庭に停められた車から降り立ち、敷地を囲む垣根の向こうに目を向けたところ、青々と広がる田んぼの中に、件の屋敷がぽつりと小さく立っているのが見えた。

いくら屋敷と同じ町に実家があるといっても、まさかこんなにまでも距離が近いとは、夢にも思っていなかった。

先刻、駅へと降り立った時の気分から一転、果たして自分はこの先、敷地の向こうにあんな忌まわしい屋敷が見える家と、正気で付き合っていけるのか不安になってくる。

その日は昼過ぎから彼女の親族たちが実家に集まり、四十九日法要が終わったのちも、夕暮れ時までささやかな宴が催された。

ようやく宴の席も終わって親族たちが全員引きあげていくと、白城さんは静香さんと頃合いを見計らい、ほろ酔い気分になっていた彼女の父へ結婚の承諾を申し入れた。

返事は一も二もなく、即答で「ありがとうございます」とのことだった。

これから自分の義父となる彼女の父は、滂沱《ぼうだ》の涙を止めどなく流して、愛娘の帰郷と初めての息子ができることを喜んでくれた。

結婚に際して、白城さんが入り婿になるかどうかという話を少しだけしたのだけれど、義父の答えは「一緒に暮らしてくれるだけでありがたい」とのことだった。

結局、静香さんが白城家の籍に入り、白城の姓を名乗るということで話が落ち着く。

それからさらにふた月近く経った中秋の頃、静香さんの母の百箇日法要が済んだのを区切りとして、白城さんと静香さんは結婚式を挙げた。

白城さんは、新たな住まいとなった彼女の実家と同じ町にある小さな会社へと就職し、静香さんは当面、専業主婦として亡くなった母の代わりを務めることになった。

長らく都会暮らしをしていたことで、最初は田舎の生活に何かと不便を感じることが多かったのだけれど、割とすぐに慣れてしまった。

件の屋敷は、車で会社へ通勤するたびに嫌でも視界に入り、その都度胸苦しい気分に苛まれたが、特にこれといって何が起きるわけでもなかった。

そんなことよりも、妻となった静香さんと義父の三人で始まった新しい生活のほうが、はるかに充実していて楽しく、尊いものに感じられた。

自分が生まれ育った郷里で送る毎日は、小学時代まで両親と仲睦まじく暮らしていた幸せな日々を思い起こさせ、懐かしい思いとともに白城さんの心を満たしていった。

やはり勇気をだして彼女と結ばれ、こちらで所帯を持ったのは正解だったと感じる。

義父も優しく明るい人柄で、白城さんのことを実の息子のように可愛がってくれるし、静香さんも白城さんに甲斐甲斐しく寄り添ってくれた。

そうした幸福を実感し、心が満ち足りていくにつれ、しだいに住まいの遠くに見える屋敷を目にしても不穏な気持ちに駆られることがなくなっていく。

過ぎし日の忌まわしき思い出は、大事な家族たちと肩を寄せ合い、笑いながら過ごす日々の暮らしの中で希釈され、しだいにほとんど思いだすことすらなくなっていった。

ところが、そうした白城さんの心を嘲笑《あざわら》うかのごとく、怪異は再び勃発する。

結婚から三月《みつき》ほどが経ち、新たな年を迎えてまもない夜のことである。

白城さんは、恐ろしい夢を見た。

夢の中で白城さんは、どことも知れない真っ暗な場所を歩いている。

辺りをどれだけ見回しても墨で塗り固めたような黒一色で、目に映るものは何もない。

自分の足元さえもまるで見えず、道の上を歩いているのか、床の上を歩いているのか、それすらも判然としなかった。

おろおろしながら手探りで漆黒の中を歩き続けていると、ふいに背後で「ぼわり」と鈍い音がした。振り向いた視界の先には、橙色に燃え盛る大きな火柱が揺らめいている。

一瞬、安堵を覚えて近づこうとしたのだけれど、まもなくどきりと心臓が跳ねあがり、眼前に揺らめく火柱に強い恐怖を感じ取る。

すかさずその場を離れようとしたところへ、火柱がめらめらと輪郭を揺らがせながら、こちらへ向かって歩いてきた。はっとしつつも見てみれば、それはただの火柱ではなく、橙色に燃え盛る火炎に全身を包まれた、真っ黒焦げの女である。

身体には衣服とおぼしき布切れが纏わりついていたが、こちらもどす黒く焼け焦げて肌の上でぼろぼろと小さく千切れ、元がどんな服だったのか分からない。

その一方、長く伸ばした髪の毛は、炎を噴きあげながらもほとんどそのまま形を留め、ばちばちと雨粒が戸板を打ち鳴らすような音を響かせている。

頭髪を燃やす炎は、身体を包みこむ橙色の火炎の色よりもさらに鮮やかで煌々とした、山吹色に染まる鋭い火柱を逆立てていた。

女は、白城さんのほうへと歩み寄って来るなり、墨のように黒ずんだ細長い面貌から真っ白い眼球と歯を剥きだし、満面にぎらぎらと笑みを浮かべてみせた。

悲鳴をあげ、踵を返して駆けだすと、女のほうも駆け足になって追ってきた。

逃げても逃げても追ってくる。

背後では炎が揺らめく低い唸りと一緒に、硫黄《いおう》と腐った柑橘《かんきつ》類を混ぜ合わせたような不快な臭気が立ちこめ、どちらもみるみるうちに間近まで迫ってくるのが分かった。

どことも知れない黒一色の暗闇の中、白城さんは悲鳴をあげ、全身火だるまになった得体の知れない女から、死に物狂いで逃げ続ける。

はっとなって目を覚ますと、寝室の外からけたたましいサイレンの音が聞こえてきた。久しく思いだすことのなかった、少年時代の悲愴な記憶が脳裏にまざまざと蘇ってくる。弾かれたように布団から起きだし、カーテンを開いて窓から外の様子を覗いて見たが、戸外には暗闇が広がるばかりで火の手は見えなかった。

方角が違うのだろうと思い、寝室から玄関へ向かおうとしていたところへ静香さんも目を覚まし、不安げな面持ちで「火事だね……」とつぶやいた。

ふたりで玄関口まで向かうと、義父も目覚めて、外へ出ようとしているところだった。三人で玄関を抜け、前庭へと一歩足を踏みだしたとたん、黒々と染まった田園の遠くに大きな炎が明々と燃え盛っているのが目に入る。

距離と位置から測って、それはどう考えても件の怪しい屋敷だった。

「槙山《まきやま》さんのとこの家か。何があったっていうんだろう……」

遠くで燃え盛る火の手を見つめながら、茫然とした様子で義父が言った。

これまで長らく知ることのなかった、屋敷の家名がとうとう分かる。義父の口ぶりは短いながらも不穏な含みを帯びていて、何やら事情を知っていそうな印象だった。

つかのま逡巡したものの、先刻見た夢の衝撃と、眼前で燃える屋敷の光景が頭の中で薄気味悪く符号して、居ても立ってもいられなくなってしまう。必死で平静を装いつつ、義父にそれとなく、あれはどんな家なのかと尋ねてみた。

「まあ、あんまり大きな声じゃ言えないことがあった家なんだよ」

いかにも言いづらそうに義父は応えたのだが、そこで話を打ち切ることはしなかった。

「寒いから、中に入って話そうか」と、玄関に向かって顎をしゃくって見せる。

電気をつけた茶の間で義父が語る話によれば、今から十年ほどに「槙山」と呼ばれた件の屋敷では、年頃のひとり娘が焼身自殺をしているのだという。

槙山の家は、この土地で十代以上続く旧家だそうで、代々農家と建築業を営んでいる。家向き自体は順調だったのだけれど、先代の夫婦に生まれたのは娘がひとりだったため、自ずと彼女は将来、家督娘となるべく育てられてきた。名を久米子《くめこ》という。

当時の家族構成は両親と祖父母、そして久米子の五人。

家族たちは久米子が家を継ぐ者と信じて、というよりは、家を継がせるべき者として彼女を手厚く育ててきたのだが、彼らの思惑に反して久米子は年頃になっていくにつれ、家を継ぐことよりも都会へ出ることに強い憧れを抱くようになっていった。

「本人は東京の大学に行って就職したかったらしいんだけど、親から猛反対を喰らって、結局、地元の大学に家から通わされることになった。だけれど、それでも諦めきれずに今度は大学を卒業する時に駆け落ちを考えたらしい」

ため息交じりに義父が話を続ける。

在学中に久米子は、密かに同級生の男子と恋仲になっていた。やはり久米子と同じく、都会に強い憧れを抱いていた恋人も、卒業後は上京して都内に仕事を求める予定だった。久米子も彼と一緒に地元を飛びだし、ふたりで東京暮らしを始めようと画策する。

ところが久米子の計画は、すんでのところで両親に勘づかれるところとなってしまい、東京行きの大きな夢は敢えなく強引に押し潰された。結果的に恋人だけが上京を果たし、彼女は家族から強い叱責を浴びせられながら、地元に独り、置き去りとなってしまう。

それですっかり、心を病んでしまったのだという。

念願だった上京も叶わず、将来を誓い合った恋人にも去られてしまった久米子は以来、家の中に籠りきりとなり、まともな暮らしが送れない身となった。

槙山の家族は、世間体を気にして彼女の容態を頑なに隠し通そうとしていたようだが、狭い田舎の話である。そうした事情は、一から十までたちまち近隣じゅうの噂となった。

果たして、斯様な好奇の視線も心の重みとなったものか。

それとも、病みすぎて壊れてしまった心が、突発的にやらせてしまったものなのか。

くわしい動機は不明ながらも、大学を卒業後、彼女が家に籠り始めて三年近くが経ち、二十代の半ばになった、真冬の晩のことである。

夜更け過ぎに家内から忍び出た久米子は、庭先に立つ車庫に停められた父親の車からガソリンを抜きだすと、彼女は灯油缶にたっぷりと詰めこんだそれを庭先で頭から被り、己の身体に火をつけた。

異変に気づいた家族が必死になって消し止めたが、火勢は凄まじいものだったらしく、火が消える頃には、すでに久米子は息絶えていたそうである。

それから半年ほど経った夏の暑い盛りには、久米子の両親が互いの腰に縄を結び合い、地元の川に身を投げて命を絶っている。

さらに一年余りが過ぎた秋口には、祖父が自宅の車庫で首を括って亡くなった。

十年ほど前、こうした惨禍が相次いで起こった槙山の屋敷に今現在暮らしているのは、年老いた祖母ひとりだけなのだという。

だが、今夜の火事でその祖母もどうなっているのか分からないと、義父は話を結んだ。

まるで絵空事のごとく稚拙で現実味に乏しい、昔の陳腐な時代劇のような話である。

だが、こうした状況で義父が語るのだから、紛れもなく実際にあった話なのだろう。

それに加えて白城さんは、今聞かされた話と筋書きのよく似た話を知っている。

己が少年時代に、槙山の屋敷を見ながら適当にでっちあげた話である。

義父の話を聞くそばから、歯の根が噛み合わなくなりそうなほど恐ろしくなった。

槙山家のひとり娘、久米子なる女性が焼身自殺を図ったのが十年ほど前ということは、昭和五十年代の終わり辺りということになる。

一方、白城さんが槙山の屋敷を眺めながら、ありもしない因縁話をでっちあげたのは、昭和五十年代初め頃のことである。

ふたつの話の筋書きが一致してしまったことよりも、互いの時間がまるで噛み合わず、事実と虚構の前後が逆転していることのほうが恐ろしくて堪らなかった。

先に「久米子の焼身自殺」という事実があって、その後に自分の作り話があるのなら、どうにかまだしも道理が通りそうな話になる。過去に焼身自殺があった屋敷を目にした自分に一種の霊感めいたものが働いて、事実を知らないままに実際に起きていたことを「作り話」として口にだしてしまった。

然様な流れであれば薄気味悪さはあっても瑕疵《かし》はなくなり、それなりには筋道が通る。

しかし、実際は逆なのである。

先に自分がでっちあげた「作り話」があって、それから五年ほどの歳月を経たのちに「久米子の焼身自殺」という事実がようやく追いついてくる。

どう考えても辻褄が合わない。

それでも無理やり道理を合わせようとするのなら、自分が適当に吐きだした作り話が現実と化して、久米子に焼身自殺をさせたということになる。

そんなことなど考えたくもなかった。

けれども頭のほうは激しい混乱を来たしながらも、さらに勝手に思案を巡らせていく。

その結果、またぞろとんでもない矛盾に思い至って、肌身がぞっと凍りついた。

少年時代とつい今しがた、二度も夢に出てきた火だるま女とは、一体何者なのだろう。

己の少年時代に「久米子の焼身自殺」という事実があったのならば、それは二度とも久米子の亡霊という解釈ができる。槙山家で起きた焼身自殺の一件を面白半分に語った自分を祟って夢の中に現れ、火事を起こして両親を焼き殺したのである。

だが違う。この当時、久米子はまだ在世で、己の身体に火をつける前の出来事なのだ。

先ほど見ることになった二度目の夢だけであれば、すでに久米子亡きあとの夢なので、こうした推測もまだ成り立つ。しかし実際のところ、自分は少年時代にも同じ夢を見て、同じ女に追いかけられている。やはり辻褄が合わないのである。

考えれば考えるほど、わけが分からなくなって、頭の中がぐちゃぐちゃになってくる。今回は夢のあとに発生した火事も、自分とは直接面識のない槇山の屋敷が燃えているし、まるで意味が理解できなかった。代わりに得体の知れない恐怖ばかりが募っていく。

「別に槇山さんのとこの事情だけが特別だったんじゃない。自分の家を継がせるために長男長女を都会に行かせないなんて、田舎じゃよくある話なんだ」

頭を振りながら、義父が言う。

「だが、家の相続問題であそこまでひどいことになったのは、槇山さんのとこだけだな。娘さんは本当に気の毒だったと思う。だからうちは、静香が東京の大学に行きたいって話をしてきた時に反対しなかったし、家を継ぐのも自分の判断で決めろって言ってきた。どんな事情があっても、子供を無理に縛りつけるもんじゃないからな」

「だからわたしの場合は、自由にさせてもらえてすごく幸せだったと思ってる」

義父の言葉を継ぐように、しんみりとした声で静香さんが言った。

「久米子さんは、かわいそうだったわね……」と静香さんは切なそうに言葉を続けたが、白城さんのほうはそうした感情が湧いてくるよりも、ざわざわと胸が騒いで苦しかった。何を思えばいいのかすらも分からず、突如としてもたらされた強いショックと混乱に背筋を凍らせ、無言で竦みあがるしかできなくなってしまう。

翌朝、再び目覚めて玄関を出ると、田んぼの中にあった槙山の屋敷が真っ黒になって、ぺしゃんこになっているのが目に入った。全焼である。

その日の夕方、義父の口から、槙山の祖母が亡くなったことも聞かされた。燃え盛る屋敷の中から逃げ遅れ、炎に巻かれてしまったのだという。

火元はなぜか廊下。出火原因は不明とのことだった。

槙山の屋敷が燃えて以来、白城さんは毎夜、眠りに就くことが憂鬱になってしまった。またぞろ、火だるま女の夢を見るのではないかと思うとなかなか寝付くこともできず、睡眠不足に陥ることも多くなった。

夢と火事との因果関係や、火だるま女の素性など、道理はやはり何も分からないまま、掴みどころのない不安に煩悶しながら布団に入る日々が続いた。

妻と義父を始め、そうした悩みを誰にも打ち明けることのできないまま季節が変わり、槙山家の不審な火事から、さらに半年近くが過ぎた夏場のことである。

白城さんが勤める会社で、週末に泊まりがけの親睦会が催された。

町の外れに聳える山の上の温泉宿で宴席を囲み、一晩過ごして帰ってくるのである。

日頃、ほとんど酒を呑まない白城さんには、あまり気乗りのしない社内行事だったが、田舎は何かと人付き合いが要となるので、参加しないわけにはいかなかった。

当日の昼間、身支度を整えてくれた静香さんに「面倒くさいんだよな」とぼやいても、「人付き合いは大事だよ？」と、やはり同じことを言われてしまう。

「機嫌をよくして、みんなと一緒に楽しんできてね」と笑顔で送りだされ、白城さんは自宅を出発した。

会社が手配したバスに十五名ほどの社員と一緒に乗りこんで、山の上の宿へと向かう。

昼間は温泉に浸かってのんびりと寛《くつろ》ぎ、日暮れから始まった宴会で気の合う同僚たちとちびちび酒を酌み交わしていると、思っていたよりは楽しい時間を過ごすことができた。

宴会は夜半近くまで続き、白城さんも結局、最後まで付き合うことになった。

日付を跨いだ頃にようやく布団に入ると、酒の酔いも手伝ってたちまち眠りに落ちる。そして白城さんは夢を見た。

夢の中で白城さんは、どことも知れない真っ暗な場所を歩いている。

辺りをどれだけ見回しても墨で塗り固めたような黒一色で、目に映るものは何もない。自分の足元さえもまるで見えず、道の上を歩いているのか、床の上を歩いているのか、それすらも判然としなかった。

おろおろしながら手探りで漆黒の中を歩き続けていると、ふいに背後で「ぼわり」と鈍い音がした。はっとなって振り向いた先には、橙色に燃え盛る火炎に全身を包まれた、真っ黒焦げの女が立っている。

「まずい」と思ったとたん、女はめらめらと輪郭を揺らがせながら、こちらへ向かって駆けだしてきた。満面にはぎらぎらとしたどぎつい笑みが浮かんでいる。

すかさず踵を返して駆けだすも、女は凄まじい勢いで背後をしつこく追ってきた。

どことも知れない黒一色の暗闇の中、白城さんは悲鳴をあげ、全身火だるまになった得体の知れない女から、死に物狂いで逃げ続ける。

はっとなって目覚めると、部屋の外から小さく消防車のサイレンの音が聞こえてきた。たちまち口から心臓が飛びだすほどの衝撃を覚え、がばりと布団から飛び起きる。

窓辺に敷かれたカーテンを開けて外の様子をうかがうと、山の下に広がる真っ暗闇の田園地帯の只中で、橙色の炎が小さく燃え盛っているのが見えた。

どんなに遠くからでもすぐに分かった。

方角といい、距離といい、そこは白城さんの自宅があるべき場所だった。

サイレンの音に気づいて起きだした同室の同僚たちに「電話をしてくるッ!」と告げ、大急ぎで部屋を飛びだす。

宿のロビーにある緑の公衆電話から自宅の番号をダイヤルしてみたが、何度掛けても話し中で、妻も義父も電話に出ない。真っ青になりながら電話を掛け直しているさなか、同室に泊まっていた同僚たちが駆け足でやって来て、「場所が分かった!」と叫んだ。

やはり白城さんの自宅だという。

その場に卒倒しそうになるのを必死で堪え、すぐに車を手配してもらった。

我が家が炎に包まれ、燃え崩れていく様を述懐するのは勘弁してほしいということで、白城さんは多くを語ることはなかった。代わりにその後の顚末だけを語ってくれた。

火災が発生したのは、深夜零時過ぎ。ちょうど白城さんが眠りに就いた頃だという。火は白城さんが現場へ到着してから一時間ほどで消し止められ、全焼した家の中から静香さんと義父の遺体が発見された。

後日、火元は静香さんが寝ていた夫婦の寝室からだと分かったが、部屋の焼け跡から火の気になるものは発見されず、出火原因は分からずじまいとのことだった。

亡くなったふたりの葬儀が済んでまもなくすると、白城さんは半ば逃げるようにして地元を離れ、再び都内で暮らし始めるようになった。

以来、二十年以上もかつての郷里には戻っていないという。

妻と義父の墓は、郷里の菩提寺にあるのだけれど、それでも怖くて戻ることができず、墓参りすらもしていない。

自分が再びあの田舎町へ戻ったら、またぞろ火だるま女の夢を見て、誰かの家が燃え、焼け死ぬ人が出るのではないか。

そんな予感をありありと覚え、とても足を向ける気にはなれないそうである。

都内へ戻って来て以来、夢に女が出てくることはなくなったという。

その正体については今もって不明とのことだったが、それでも自分なりの結論として、件の火だるま女は、自分の空想が作りだしたものではないかと白城さんは語る。

「嘘から出た実《まこと》というか、嘘が現実になってしまったというか。小学時代から始まった一連の流れを振り返ると、この推論がいちばんしっくりきてしまうんです」

だがそれを認めてしまうと、自分の作りだした忌まわしい空想が、両親と新しい家族、さらには槙山家の人間まで殺してしまったことにもなってしまう。

だから、心の中では薄々思いながらも、長らく認めることができなかったのだという。

ただ、妻と義父が亡くなって、もはや三十年余りの月日が経つ。

墓参りにすら行ってやれない己の不徳を埋め合わせるため、せめて己の非を受け容れ、ふたりを含め、犠牲になった両親や槙山家の人々にも謝罪の念を持ちたいのだという。

そうした気持ちになる一方で、だがこれも本当なのだと、白城さんは言った。

「でも本当に心から誓って、私に他意はなかったはずなんです……」

その昔、大好きだったオカルトの世界に熱中し、無邪気な気分で楽しんでいたあの頃、怖い話をせがむ友人たちを喜ばせたかっただけ。ただそれだけで作った話だった。

それなのに、どうしてあんなことになってしまったのか。

恐ろしく思うのと同時に、ひどく悲しい気持ちにも苛まれてしまうそうである。

静香さんを亡くして以来、白城さんは再婚することなく、独身を貫き通している。

たとえ短くとも幸せだった、彼女との思い出を大事にしたい気持ちもあるのだけれど、これ以上、自分が大切と思う人を失ってしまうのが怖いからでもあるという。

少年時代の些細な作り話から始まった、あまりにも理不尽極まる異様な災厄。

その災厄に人生の大半を滅茶苦茶にされた白城さんは、白髪だらけの頭をしなだらせ、もう一度小さな声で「他意はなかったはずなんです……」とつぶやいた。

書きながら待ち侘びる

入院から十二日目。

午後の回診に来た主治医から、ようやく退院の許可がおりる。

熱も炎症値も完全にさがり、少なくとも近いうちに再発する可能性は低いとのことで、あと二日様子を見て、容態に何事も変わりがなければ退院してもよいという。

内心、この期に及んでまだ様子を見る気なのかと思い、少々うんざりしたのだけれど、春先からずっと世話になっている医者である。大人しく指示に従うことにした。

怪異のほうについては、やはり何も起こることがなく、相変わらず平穏無事な日々を過ごすことができていた。だが、退院の日までに何も起こらないという保証もない。

主治医がこちらの容態を過剰に気にするのと同じである。私のほうも最後の最後まで、油断だけはすべきでないと思った。

入院期間は前回の入院よりも少々長めになってしまったが、思っていたよりも早めに体調が回復し、周囲で怪異も起こらなかったおかげで、原稿のほうは大いに捗《はかど》っていた。書くこと自体も苦にならず、概ね朝から晩まで黙々と筆を走らせることができた。

快調なのは、他に大してやることもないというのも理由のひとつではあるのだけれど、それにつけても申し分のない進捗だった。

何にせよ、入院中にもこうして仕事ができるというのは、大層ありがたいことである。せいぜい退院の日まで書けるだけ書き続けていこうと思い、私は日がな、ベッドの上のオーバーテーブルに置いたノートＰＣに齧りついていた。

優しき労り

会社員の登和子《とわこ》さんが仕事に激しい腹痛を覚え、地元の総合病院へ出かけた時のこと。待合ホールの長椅子に座り、俯きながら呻いていると、ひとりの看護師がやって来て、目の前に屈みこんだ。色白でほっそりした顔立ちの若い看護師である。

「大丈夫。すぐよくなるよ」

ふくふくとした笑みを浮かべて登和子さんに声をかけると、彼女はすっと立ちあがり、そのまま待合ホールの奥にある長い廊下のほうへと消えていった。

お腹が痛くてあとを追うことはできなかったけれど、遠くへ消えゆく彼女の後ろ姿を見つめながら、心の中で「うん、ありがとう」とお礼の言葉を向ける。

彼女は十年ほど前、長患いの末にこの病院で亡くなった、登和子さんの親友だった。

彼女の励ましどおり、腹痛は診察を受けてまもなく、嘘のように治まったという。

そういうこともするんだね

美日奈《みひな》さんが看護師になって、まもない頃の話だという。

ある日の夕方、レントゲンや内視鏡の検査室が並ぶ院内の薄暗い廊下を歩いていると、廊下の向こうから、病院着姿の老人が点滴スタンドを押しながら歩いてきた。がらがらと、点滴スタンドについた車輪の音を鳴らして歩く老人と、美日奈さんとの距離がどんどん近づいてくる。そしてまもなく、老人とすれ違った瞬間だった。

すれ違いざまに老人が、美日奈さんの尻をぐいぐいと揉みしだくように触っていった。

「何すんのよ！」と憤慨して、背後へ首を振り向ける。

薄暗く長い廊下に老人の姿はなく、点滴スタンドが鳴らす車輪の音も消えていた。

その場に唖然と立ち尽くしながらも「霊ってこういうこともするんだね……」と思い、怖いというよりむしろ、妙に感じ入ってしまったそうである。

もっともな叱責です

同じく、美日奈さんの体験した話である。

看護師になって五年ほどが経った夜更け過ぎのこと、ナースステーションで休憩中に
ふとした弾みから、他の看護師たちと怪談話が始まってしまった。

「小児科病棟に子供の霊が出るらしいよ。何人も見た人がいるんだって」

「手術室の前の通路もやばいよ。わたし、あそこで変な声を聞いたことがあるの」

「この病院、患者さんでも気持ち悪いって言って怖がる人、結構いるみたいだよ」

美日奈さん自身も、以前にスケベな老人の霊から尻をまさぐられた経験があったので、
同僚たちが語る話は、いずれも噂のたぐいや虚言とは思えない生々しさがあった。

「わたしも実は、爺の霊にお尻を触られたことがあるんだよ！」

今まで口にしなかった実体験もカミングアウトし、場はますます盛りあがっていく。

話の内容もしだいにディープなものとなってゆき、入院中に亡くなった患者の実名や素性を明かしたうえでの話題が頻発するようになっていった。

頭の中ではよくないことだと理解しつつも、それでも面白くてやめどころが分からず、ついつい話を続けてしまう。と、その時だった。

「あなたたち、いい加減にしなさい！」

突如、ナースステーションの外から、鋭く尖った女性の声が轟いた。

はっとなって顔を向けると、入院病棟の廊下に面して嵌められたガラス窓の向こうに、六十代頃とおぼしき年配の看護師が立って、美日奈さんたちを睨みつけていた。

「不謹慎です！　もっと真面目に仕事と向き合いなさい！」

美日奈さんたちにもう一度金切り声を浴びせると、看護師はつかつかとした足取りで、ナースステーションの前を横切り、廊下の向こうへと姿を消した。

「ていうか、今の誰……？」

呆気にとられていたところへ同僚のひとりがぼそりとつぶやき、確かにそうだと思う。

あんな看護師は、美日奈さんを含め、その場の誰もが見たことのない人物だった。

病棟内を探しても件の看護師は見つからず、みんなでしんから震えあがったという。

また来てね

優里亜《ゆりあ》さんが交通事故で右脚を骨折し、市街の大きな病院へ入院した時のこと。

ようやく退院する日となった午前中、長らく寝起きした個室で気持ちを弾ませながら帰り支度をしていると、ふいに背後から「また来てね」と声がした。

若い女の声だった。振り返ってみたが、誰の姿も見えなかった。


それから二週間後、優里亜さんは再び交通事故に巻きこまれ、今度は左脚を骨折した。

救急車で搬送されたのは、前回入院したのと同じ、市街の大きな病院だった。

処置が終わって運びこまれたのは、こちらも前回入院した時に過ごした個室である。

「また来てね」の声を思いだすなり、すぐさま部屋を変えてもらったそうである。

気はまだ残りたり

数年前の夏、小村《こむら》さんが友人たちと三人で夜中、肝試しに出かけた。

地元の郊外に立つラブホテルで、二十年ほど前に火事を起こして以来、廃墟となって幽霊が出ると言われている場所だった。

懐中電灯を携え、恐々と内部を探索してみたのだが、特に何が出てくるわけでもなく、無事に外へと戻ってくる。

ところがホテルから出てまもなくすると、右手の甲がじんじん痛みだして顔が歪んだ。なんだと思って見たところ、右手の甲が赤く腫れて火傷《やけど》をしているようだった。

そこへふたりの友人たちも「痛い！」と騒ぎだした。

確認すると、彼らもそれぞれ、右腕の肘と左脚の脛に小さな火傷を負っていたという。

衝突死

昭和五十年代の中頃、藤島《ふじしま》さんが暮らす田舎町で起きたという話である。

初秋のある時季から、藤島さんの暮らす地元で住人たちの間で「人魂を見た」という声が相次ぐようになった。

人魂は夜になると出没し、暗闇の中で橙色の光を明々《あかあか》と灯らせ、長い尾を引きながら、漆黒を泳ぐオタマジャクシの化け物みたいな動きで飛ぶのだという。

田んぼや畑の上で見た者もいれば、自宅の庭先で見た者という者もいた。墓地の中や神社の鳥居の上を飛んでいるのを見た者もいる。子供から年寄りまで老若男女を問わず、ひと月ほどの短い間に十人近くの住人たちが人魂を目撃していた。

こうした具合だったので、地元は人魂の噂で持ちきりだったのだけれど、藤島さんは、人魂の実在について懐疑的なほうだった。

大方、車のヘッドライトや懐中電灯の明かりなどを見間違えているのだろう。噂が大袈裟になっていくにつれ、そうしたものを人魂と誤認する者が増えたのである。然様に割り切り、周囲から人魂の話題が出てもまともに取り合うことはなかった。

ところが、人魂騒ぎが始まってふた月近くが経った真冬の晩のことである。

そろそろ日付を跨ぎそうな夜の遅い時間、藤島さんが自宅の居間でテレビを観ながら酒を呑んでいると、外から突然「ばあぁぁん！」と大きな音が轟いた。

音は自宅の庭から聞こえてきた。おそらく、門口の近くに立つ車庫のほうである。

車でも突っこんできたのだろうかと思って、居間の窓から外の様子を見てみたのだが、暗くて何も見えなかった。懐中電灯を携え、夜陰に燻《くす》ぶる夜の庭へと飛びだしていく。

車庫まで行ってみたが、正面から見る限り、特にこれといって異常は見られなかった。中に停めてある車も無事である。

それでも一応、念のためにと思って、車庫の周りを調べてみることにする。

するとまもなく、門口に面した車庫の側壁に、妙なものが染みついているのが見えた。キャベツほどの大きさをした、何やら黒くてどろどろしたものである。

なんだろうと思って、懐中電灯の光を向けたとたん、藤島さんの口から悲鳴があがる。

車庫の壁の上には、真っ黒に染まった女の顔が張りついていた。

ちょうど、墨汁か何かに浸した顔面を、壁の上に押し当てたような感じに見える。

どう見ても女にしか見えない黒い顔は、両目と口を大きく開いた表情で壁に染みつき、まるで叫び声をあげているかのようだった。

恐る恐る触れてみると、染みは若干ねばねばしており、指の間で短く糸を引いた。

匂いは、酸化した油と血を混ぜ合わせたような臭気を帯び、嗅ぐと鼻先がつんとして、思わず嘔吐いてしまうほど臭かった。

誰かの悪戯にしては目的がよく分からなかったし、地元にこんなことをする人間など、おそらくいないだろうと思う。

先ほど聞こえた大きな音を含めて状況を察するに、得体の知れない何かが車庫の壁に思いっきり衝突して、この黒いどろどろの顔ができあがった。

斯様に考えるのが、道理としてはもっとも理に適うような気がした。

しかし、それでも何がぶつかってきたのかまでは分からなかったし、壁に染みついた黒いどろどろの成分が、なんであるのかも分からなかった。

懐中電灯の光で照らしつけ、どれだけまじまじ眺めても、車庫の壁面にできあがった黒い染みは、生身の女の顔にしか見えない。気持ちが悪くてすぐに洗い落としたのだが、しつこくブラシで擦りつけても壁にはわずかに薄黒く、顔の輪郭が残ってしまった。

あんなに地元を騒がせていた人魂の目撃談がぷつりと絶えたのは、藤島さんの自宅でこうした怪事が起きてからのことだという。

人魂の実在について懐疑的だった藤島さんだったが、一連の流れを俯瞰してみた結果、件の人魂が何かの間違いで車庫の壁に激突して死んだため、目撃談が絶えたのだろうと結論づけた。

驚きながら叫び声をあげているようにも見える女の顔の黒い染みは、その後もずっと、薄い輪郭を浮かせて車庫の壁に残り続けたそうである。

焼け跡から

二年ほど前の秋口だという。

休日の昼間、矢島《やじま》さんが自宅の庭先で家族と芋煮会《いもにかい》をすることになった。

芋煮を作る竈《かまど》は、矢島さんが作った。灰色のコンクリートブロックをコの字に組んだ簡素な物で、中に焚き木を詰めこみ、その上に調理用の大鍋をのせる仕組みである。

完成した竈の周りを家族で囲み、芋煮を作りながら楽しいひと時を過ごす。

できあがった芋煮をあらかた食べ終え、後片付けが始まった時のことである。

竈の上から鍋を取り払い、薄黒い炭と化した焚き木の山を火ばさみで片づけていると、中から何か、薄くて扁平な形をした物が出てきた。

火ばさみで掴みあげてみると、どす黒く焼け焦げた般若《はんにゃ》の面だった。

こんな物を火に焚《く》べた覚えはないし、そもそも矢島さんの家に般若の面などもない。

「おい、これ」と家族に面を見せても、誰もそんな物など知らないという。

芋煮をしている間、家族は全員竈の周りに座っていたので、誰かがこっそり火の中へ面を放りこむなどできないはずである。焚き木はホームセンターで購入した物だったが、仮に焚き木の中に紛れこんでいたとしても、火に焚べる時に気がつくはずだと思う。

家族みんなで気味悪がりながら首を捻ってみたのだが、般若の面がどこから来たのか、答えはついぞ出ることがなかった。怪しい面は、炭となった焚き木と一緒に処分した。

それから数日後の昼過ぎ、矢島さんの家が火事で全焼してしまう。

出火原因は、妻が電源を切り忘れたアイロンだった。

火が消し止められ、大きな炭の山と化した家の残骸を途方に暮れつつ見歩いていると、なぜか焼け跡の中に紛れて、あのどす黒い般若の面が転がっているのが見つかった。

予期せぬ面との再会に背筋がぞっと凍りつく。

怪しい般若の面は、その日のうちに地元の神社に頼みこんで処分してもらったのだが、すでに処分していたはずのこの面が、どうして我が家の焼け跡に紛れこんでいたものか。

その原因については、やはり不明のままだったという。

燃え尽きる

十月下旬、背中の激しい痛みと高熱に悶え苦しみ、深夜に緊急入院してから十四日目。きっかり二週間後の午前中に、ようやく私は退院した。

入院病棟で過ごす最後の夜まで気を緩めることなく、怪異の発生に備えていたのだが、とうとう何も起こることのないまま退院の手続きを済ませ、無事に帰宅と相成った。

ほっとしたという気持ちはもちろんあったのだけれど、その一方ではそこはかとなく拍子抜けしてしまった感もある。

例えるなら、お化けの出ないお化け屋敷で、ずっと身構えていたようなものだろうか。何事もなくて幸いではあったものの、予想だにしない幕引きとなってしまった。

とはいえ、今後も膵臓を腫らして悶え苦しむたびに担ぎこまれるであろう病院である。妙なことが起こらないに越したことはない。

やはり前回の入院時に頻発した怪異は、私自身の感覚のほうに問題があったのだろう。病院自体にのっぴきならない問題が生じて、怪しいことが起きていたのではないことが確認できただけでもよかろうと、割り切ることにした。

自宅へ戻ると、二匹の飼い猫たちが玄関口まで律儀に出迎えに来てくれた。入院中は実家の母が毎日我が家に通って世話をしてくれていたので、猫たちの様子を殊更心配することはなかったのだけれど、元気な姿を見るとやはり安心する。

「本当は真弓のほうに帰って来てほしかったんだろう？」

すり寄ってきた猫たちにわざとらしく嫌味を言って、小さな頭をごしごしと撫で回す。無意識に出てしまった言葉だったが、本当に早く帰って来てほしいものだと思った。猫たちもきっと、真弓のことを恋しがっていると思う。

今はどんな容態で毎日を送り、どんな気持ちで日々を過ごしているのだろう。

二週間ぶりに我が家へ帰って来ても、真弓がいないと寂しかった。

互いに病気を患い、離れて暮らすようになって以来、毎日繰り返してきたのと同じく、その日も私は独りで夕餉《ゆうげ》の支度を整え、独りで食事を済まし、独りで長い夜を明かした。悲嘆に暮れることはなかったけれど、物寂しさは眠りに就くまでずっと続いた。

入院中は病室のベッドで原稿ばかり書いていたため、身体は若干なまり気味だったが、体調自体に不足はないので、退院の翌日から拝み屋の仕事を再開した。

仕事用のウェブサイトに営業再開の旨を告知すると、まもなく方々から依頼が来始め、予定は順調に埋まっていった。

己の身にとんでもないことが起きていたことをようやく知ったのは、仕事を再開して一週間ほどが過ぎた、週末のことだった。

その日の昼過ぎ、私は出張相談を頼まれて依頼主の許へおもむいた。

向井さんという、私の地元からほど近い町に住む四十代の男性で、ひと月ほど前から家の庭先に、夜な夜な怪しい人影が現れるようになったのだという。

輪郭はぼんやりとしていて色は薄白く、庭先に植えられた古い松の木の傍らに現れる。人影はただ、木偶《でく》のように突っ立っているだけで、他に何をするでもない。

ただ、ひと月ほどの短い間に向井さんを含めて五人いる家族全員が、いずれも夜中に同じ人影を目撃しているのだという。原因を突き止めてほしいとのことだった。

車で現地に到着すると、さっそく向井さんに案内してもらい、得体の知れない人影が現れるという松の木の前へと向かった。

件の松は、幹の高さが大人の背丈の二倍近くもあり、いかにも年古《としふ》りた雰囲気の漂う立派な枝ぶりをしていた。十年ほど前に亡くなった祖父が大事にしていた松だという。

一目する限りでは、特に怪しい感じはしなかった。松の周囲に神経を巡らせてみても、不穏な様子は感じ取れない。ならばと思ってさらに意識を集中し、松の木とその周辺に鋭く視線を光らせてみた。

するとまもなく、視界の先に何かが視えてくる代わりに、この世ならざる者が発する独特な気配を幽かに感じた。向井さんの語るとおり、確かに何かがいるのだと思う。

ただ、どれだけ意識を研ぎ澄ませてみても、それの姿が思うように視えてこない。心の中で相手に向かって声をかけたり、距離や角度を変えたりしながら必死になって姿を捉えようとしたのだが、とうとう何も視えてくることはなかった。

「正体は分かりましたか？」と向井さんに尋ねられるも、返答に窮してしまう。

適当なことを答えるわけにはいかないので、正直に「よく分かりません」とだけ答え、できうる限りの対応をすることにした。

松の傍らに現れる白い人影は、ただ突っ立っているばかりで、他に何をするでもない。それなれば、特に悪意のない存在なのかもしれない。年をとって化けるようになった松の魂という可能性もあるし、松の木と深い縁のある、向井さんの祖父という線も考えられなくもなかった。

松の木に向かって、樹木の鎮魂を願う際に用いる祝詞を詠み、それから仏壇を借りて向井さんの祖父へ供養の経を誦する。

それらを滞りなく済ませ、「もしもまた何かあったら連絡をください」と向井さんに告げたのを結びとして、仕事を切り上げることにした。

向井さんのほうはそれなりに満足してくれたようだったが、帰りの車中、私のほうはなんとも落ち着かない気分になっていた。

松の木の傍らか、あるいはその近くに何かがいるのは気配で分かっていたというのに、どうして姿を視ることができなかったのか。こんなことはなかなか珍しいことだった。

それに加えて、肌身に感じる気配のほうもひどく幽かで、少し意識を緩めてしまうとまったく感じ取れなくなってしまうほどだった。こちらもやはり、珍しいことである。

いくら特異な感覚が鈍化してきているとはいえ、さすがにおかしすぎると思った。

一体、何がどうなっているのかと考えているうちに心臓がばくばくと早鐘を打ち始め、なんだかひどく不穏な気分に駆られてくる。

まさかとは思いながらも確認せずにはいられなくなり、まもなく自宅へ帰り着く頃に家路を逸れ、地元の方々を巡り始めた。

山中の廃屋、神社、寺、墓地、公園、病院、トンネル、古びた民家、住宅地の路地裏、他にも以前、この世ならざる者たちを視たことのある場所を片っ端から巡り歩いた。

どこへ行っても、何が視えることもなかった。

どんなに意識を集中しても、この世ならざる者たちの姿を視ることはできなかった。

中には気配を感じる場所もあったのだけれど、いずれも朧げで頼りないものに過ぎず、それすらも全神経を研ぎ澄ませるほどに集中しないと感じ取ることができなかった。

ここまで露骨に結果が出てしまっては、もはや認めざるを得ないだろう。

私は視えなくなってしまったのだ。

さらには気配すらも、ほとんど感じ取ることができなくなってしまった。

認め得るなり、そう言えば退院してから今日に至るまでの間、公私ともども怪しげな存在を目にしたり、気配を感じたりすることが一度もなかったことに思い至る。

拝み屋の仕事は、今日の依頼を除けば、厄除のお祓いや交通安全の祈願などばかりで、視えないものが直接関わる依頼がなかったため、特に意識をすることもなかった。

プライベートにおいても、怪しいことが何も起こらないことに疑問を抱くこともなく、漫然とした気持ちで日々を過ごしていた。平和でよいとさえ、思うこともあった。

ところがとんだ大間違いだった。実際には、怪しいことが起こらなかったのではなく、怪しいことが起こっても、感知することができなくなっていたのである。

さらに時間を遡《さかのぼ》ると、もしかしたら入院中からすでにそうだったのかもしれない。

前々回の入院時に発生した怪異の連続は、私が有する特異な感覚が不具合を来たして起こり得た例外で、なおかつ元々、さしたる怪異が起きる病院ではないとしてもである。同じ病院に二週間も入院していて、ほとんどなんらの怪異も体験しなかったというのは、やはりおかしな話なのだ。体験しなかったというよりも、体験できなかったというのが事実だったのかもしれない。

十月下旬から始まった入院生活の中で体験したことといえば、せいぜい担ぎこまれた最初の晩に病棟内のどこからか、けらけらと笑い交わす女たちの声が聞こえてきたのと、あとは二、三度、ベッドの周囲で妙な気配を感じたくらいである。

この春から何度も入退院を繰り返すなかで、数は少ないながらも体験してきた怪異も毎回この程度のものだったのだが、今回に関してはどうにも腑に落ちなかった。

初めに些細な怪異を認めて、その後は退院するまで何もなし。

今という事態に至るまでの流れを鑑みると、入院した頃から私が有する特異な感覚は急激に弱り始め、数日後には完全に潰えてしまったように感じられてならなかった。

入院七日目にやらかした、生身の入院患者が吠え荒ぶ繰り言を、この世ならざる者が発する声と誤認してしまった件なども含めて思い返すと、ますます確信めいてくる。

おそらく私は、入院している時からすでに特異な感覚をほとんど失っていたのである。

原因としていちばん思い当たることと言えば、今回入院する原因にもなってしまった、魔祓いのやり過ぎである。入院初日から日を追うごとに特異な感覚が薄れていったのが事実とするなら、タイミング的にもこれが原因としてもっともらしいものだとは思う。

ただ、そんなふうには思いたくなかった。

確かに無理はしたけれど、無事に問題は解決できたし、己の判断に後悔もしていない。

詳細は割愛するが、自分の身体を限界まで酷使したことで輝かしい奇跡も起きていたし、そうした流れからこんなことになってしまうとは、どうにも信じられない気持ちだった。

そうした心情に加え、魔祓いの酷使と同じく、確証のないまま当て嵌めようとすれば、原因らしいものはいくらでも思いついて当て嵌めることができた。

長年、極めて異様な世界に関わりながら生きている身である。よその霊能関係者から妙なやっかみでも受けて呪いをかけられたとか、視えざる何かに祟られてしまったとか、そうした可能性も十分に考えられたし、それらに思い当たる節がないわけでもなかった。

怪談作家としてもデビューしてから割かし長いので、もしかしたら怪談を書きすぎて罰が当たったのかもしれないし、挙げ連ねていったらキリがない。

あるいはそれら全てが原因という可能性だって考えられる。

いずれも確証のない憶説ではあるのだけれど、疑わしき事情はいくらでもあるのだ。

だから真相は今のところ、不明なのである。

ただ、少なくとも、今まで当たり前のように視えていたものが視えなくなってしまい、感じ取れていたものを感じづらくなってしまったことだけは、揺るぎない事実だった。

まいったなと思う。

問題なのはこれが永続的なものなのか、それとも一時的なものなのかという点だった。できることなら、一時的なものであってほしいと思う。

本来ならば「視える」だの「感じる」だの、そんな感覚を持ち得ていることのほうがむしろ異常なのだというのは分かっている。

けれども私のそうした感覚は、物心のついた時分から自然と備わっていたものなのだ。それらが異変を来たすということのほうが、私にとっては異常な事態なのである。

とはいえこの春から、気持ちは常に前へ向けて生きていこうと自分自身に誓っている。だからこんな事態に陥っても、おろおろしているわけにはいかなかった。

差し当たって、視えないならば視えないなりにやっていくしかないだろう。

今の自分にできることを精一杯やっていれば、そのうち原因が分かるかもしれないし、いずれ光明が差しこんでくることもあるはずである。

これまでもそうだった。ならば希望を信じて先へ進んでいくしかないと思う。

本音を言えば、不安も少々感じている。視えないものが視えない世界を体験するのは初めてのことなので、これからどんなことが起きるのか想像すらもつかないものがある。

くれぐれも気を引き締めて臨まねばなるまい。新たな問題の幕開けである。

意想外のとんでもない事態に冷や汗をかきながらも、私は決意を強く固めた。

拝み屋備忘録　怪談火だるま乙女

2021年8月5日　初版第1刷発行

著者……………………………………………………………………… 郷内心瞳
デザイン・DTP　……………………………………… 荻窪裕司(design clopper)
企画・編集　…………………………………………………… 中西如(Studio DARA)

発行人…………………………………………………………………… 後藤明信
発行所………………………………………………………………… 株式会社 竹書房
〒102-0075　東京都千代田区三番町８－１　三番町東急ビル６F
email : info@takeshobo.co.jp
http : //www.takeshobo.co.jp
印刷所……………………………………………………………… 中央精版印刷株式会社